札幌地方自治法研究会
田中孝男

条例づくりへの挑戦

＊ベンチマーキング手法を活用して＊

信山社政策法学ライブラリイ
4
SHINZANSHA LAW&POLICY LIBRARY

信山社

はしがき

政策法務という言葉自体は、自治体の行政現場にも、相当浸透してきた。だが、多くの自治体、とくに中小規模の市町村では、「政策法務」実現のための具体的な取り組み方法について、よく分からないのではないか。

政策法務を実践するために、多大な庁内政治・交渉の労力を費やし、専任の職員や組織、プロジェクトを設ける必要はない。目新しい、先駆的な条例や法制度を整備することが、全自治体で必要になるわけでもない。

自治体政策法務の任務は、「近年、激変する地域環境に的確に対応し、条例等の制定や各種の法令の運用を通じて、地域住民の人権・権利の充実と福祉の向上を図ること」にある。

政策・制度の整備において、いわゆる後発の自治体は、その立場を活かし、優れた先行事例を有効かつ効率的に参照し、法務の任務達成に尽くすのが良いのである。筆者は、この手法を「条例のベンチマーキング」と呼び、四年前から提案している。

本書では、その具体的実践のためのノウハウを、いくつかの実例を踏まえて概説する。政策づくりで後発の自治体における政策法務の水準向上に、多少なりとも貢献できれば幸せである。

さて、本ライブラリイに本書を連ねることができたのは、何よりも編集顧問の阿部泰隆・北村喜宣両先生のおかげである。両先生に、まず、深く感謝・お礼申し上げねばならない。

また、家族や職場の包容、理解と協力、各地法務自主研究会の友人のご厚誼にも、感謝しなければならない。そして、長年、筆者の研究方向を導いてくださっている木佐茂男（九州大学大学院）先生には、本書を献じ、これまでの「ご恩」に報いたい。

本書はいわゆるハウツーものに属しているが、事例の検討は、法律（解釈）論を踏まえているつもりである。また、読者サービスとして、筆者のサイトには、漸次、条例のベンチマーキングの教材・道具を用意していきたい。

機会があれば、今度は、政策法学の王道でのテーマに取り組みたいものである。

二〇〇二年春

田中 孝男

http : //www1.ocn.ne.jp/~houmu-tt/

第1章　政策法務の実践に果たす「条例のベンチマーキング」の役割

1　本書のねらいと展開

(1)　本書のねらい

「政策法務」という言葉が自治体を徘徊している。かなりの自治体の行財政改革推進計画に、「政策法務の推進」などが計画事項として盛りこまれている。

だが、「政策法務」の意味・概念は、(それが学問的な用語というよりも実務能力向上のための一種のスローガンないし戦略語として用いられてきたという歴史的な経緯もあって、) これを唱える者によってまちまちであり、確立・確定したものとはなっていない。

既往の文献における政策法務論は、エレガントな条例や組織的取組みについてのものが多いが、これらは、多くの自治体にとっては、職場・上司の意識の低さや人的・財政的制約のため、雲の上の事象ではなかろうか。

それゆえに、普通の自治体が政策法務を実践するための手法の開発が求められている。

本書は、大多数の後発的な自治体が、より効果的・効率的に政策法務を実践するための手法として「条例のベンチマーキング」という考え方を紹介する。具体的な内容の説明は第二章で行うが、この「条例のベンチマーキング」というのは、先行する他自治体の優れた条例のシステム等を、有効かつ効果的に、自分の自治体に取り入れることをいう。本書は、いくつかの実例を用いて「条例のベンチマーキング」の実践方法について詳説し、実務に資することをねらいとしている。とくに、中小規模の市町村職員を対象とした比較的短期間の条例立案演習を主な内容とする「政策法務」研修のテキストとしての活用が可能であろう。

なお、本書における「市町村」の語は特別区を含むものであり、「自治体」とは都道府県や市町村を主に念頭に置いた日本国憲法上の「地方公共団体」を言い換えたものとして用いている。

(2)　本書の展開

以下本書では、政策法務の実践にかんする組織論・研修論の限界を指摘し、後発自治体における政策法務の総合的な展開のための戦略を「政策法務のチャレンジャー戦略」と名づける（第一章）。そして、このチャレンジャー戦略による目的達成の手法として、条例のベンチマーキングを位置づけ、その総論的事項を整理する（第二章）。これらの作業の上で、パブリック・コメント条例と、公益法人等への自治体職員の派遣にかんする条例の二つの事例で、「条例のベンチマーキング」の具体的方法をみていく（第三章、第四章）。両者は検討の力点を異にしている。条例のベンチマーキングが紋切り型の手法ではないことをあらわしている。くわえて、これらは、政策法務論としての個別具体的で簡単な研究ノートにもなっている。

(3)　『自治立法の理論と手法』と「政策法務論の新展開」

筆者は、「条例のベンチマーキング」手法の概略を、既に別著、木佐茂男（編）『自治立法の理論と手法』（ぎょうせい、一九九八年）二〇三頁以下において世に問うている。この木佐編を引用するときは『理論と手法』と略称する。また、木佐教授（九州大学大学院）と共著で「政策法務論の新展開」という連載を、雑誌『ガバナンス』（ぎょうせい刊）誌上（二〇〇一年五月号〜）で行っている（以下「新展開・第〇回」と略記することがある）。本書は、『理論と手法』や「新展開」と内容的に連動しているところがある。そのため、本書と併せ、『理論と手法』二〇三頁以下と「新展開」各号を参照されることを、読者に期待したい。

2　政策法務のチャレンジャー戦略と条例のベンチマーキング

(1)　組織論と研修論の限界

「政策法務」を行財政改革推進計画に盛り込む自治体の取組内容は、ほぼ、①政策法務を担当する組織の設置や専任職員の配置、②政策法務研修の実施の二つに限られている。だが、事務事業評価的に考えると、組織・職の設置や研修の実施はアウトプットにすぎない。これらの手段によって、本来の目標である政策法務の実践がどう実現したか（アウトカム）が問題である。

何より、職・組織の設置は各自治体を取り巻く他のさまざまな政策課題との優先度によって左右される。あらゆる自治体が、たとえば、横須賀市の政策法務委員会（北村喜宣『自治力の発想』（信山社、二〇〇一年）二九頁参照）のような組織を置くことができるとは考え難い。また、回数・受講者の限られている集合研修としての政策法務研修だけで職員に必要な能力がつくというのは、非現実的な願望であろう。

(2) 後発自治体における政策法務の総合的展開戦略

どのような組織も、その保有する経営資源（ヒト・モノ・カネ・ジョウホウ・時間）は有限である。組織が、その目的を最大限に達成するためには、この有限の経営資源を「戦略的」に配分して、所要の活動を展開することが必要である。「戦略的」というのは、「ある程度の長期にわたって一貫性をもった、目的・目標の設定や資源の配分」のことを意味する（「新展開・第7回」九九頁参照）。このような戦略的な活動の展開は、自治体の法務事務ないし政策法務にも当てはまる。

さて、行財政改革の計画にさえ政策法務が盛りこまれていない自治体は、こと政策法務にかんしては、先駆的取組みをする自治体と比べ後塵を拝する。こうしたいわば後発自治体が、先駆自治体に水をあけられないように法務能力を高めていくためには、先駆自治体以上に「戦略的」な法務を進めていかなければならない。私は、必要となる戦略を「政策法務の総合的展開戦略」と呼ぶ。

政策法務の総合的展開戦略は、**【図1】**のようにイメージされる。本書で、この戦略の詳細を説明する余裕はないが、組織戦略（専任の職・組織の設置）や人事戦略（法務の研修）は、本展開戦略の下位に属するものであり、

図１　政策法務の総合的展開戦略

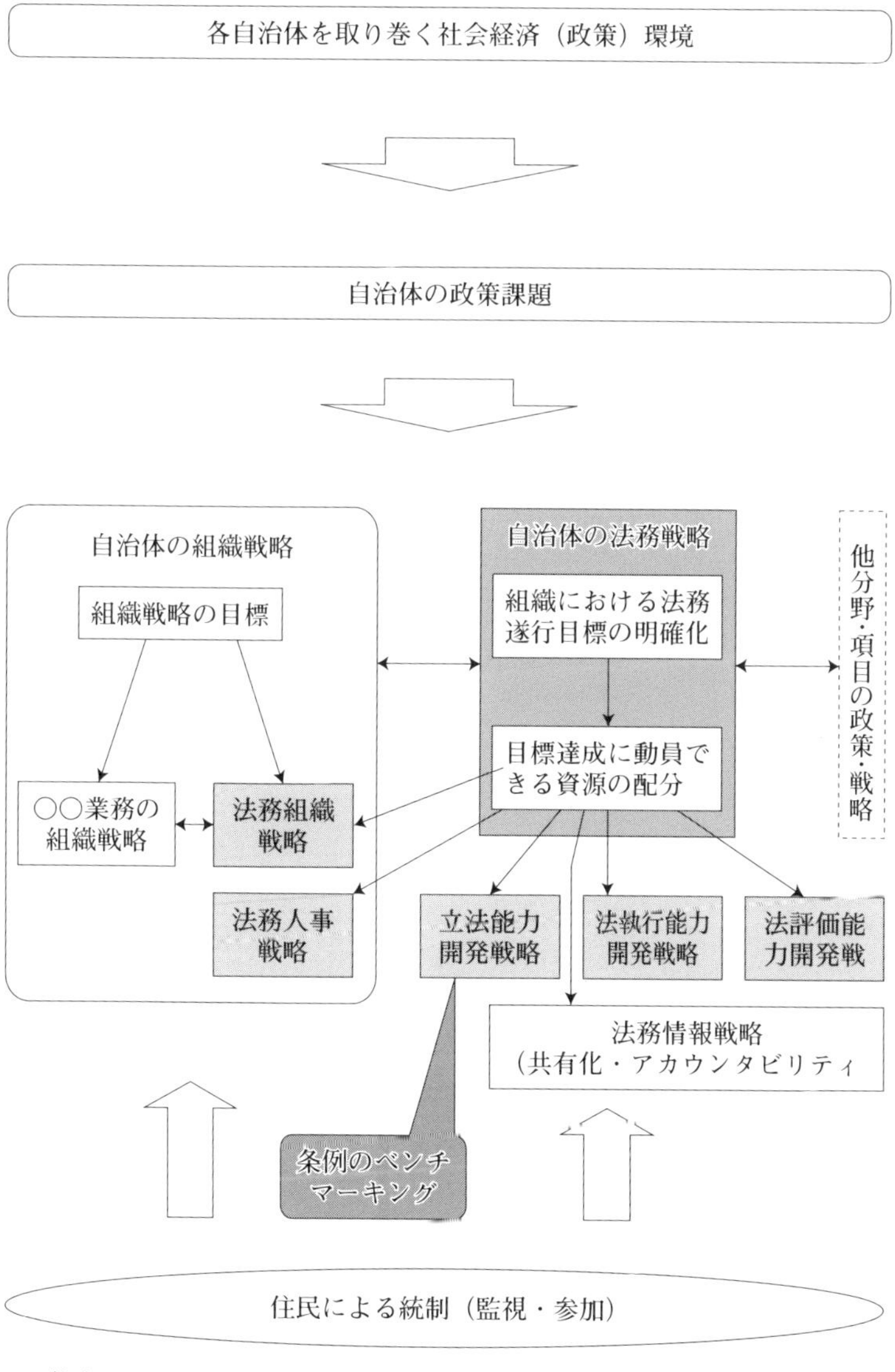

＊　他分野・項目の政策・戦略も、それぞれに別に、組織戦略とつながっているが、本書では、法務戦略と組織戦略との関係に重点を置くため、この図では、表記を省略した。

より広範な観点・視点を踏まえ、他の戦略とバランスをとって構成されるべきものであることは、絶対に、忘れるべきではない。

(3)　後発自治体における「政策法務のチャレンジャー戦略」

戦略的な法務というものを考えるならば、政策法務の分野（先駆的な政策を展開するための条例制定と分野を限定して考えても良かろう）における自治体のポジショニングが重要となるし、各自治体は、自らの占める地位に応じた法務戦略を立案・展開する必要がある。私企業の経営戦略論ないしマーケティング（市場への適合行動）戦略論の知見を活用するならば、企業の競争地位別の戦略は、リーダー、チャレンジャー、フォロワー、ニッチャーの四タイプに分かれる。各タイプの戦略の意味内容については、経営戦略・マーケティング戦略のテキストに譲る。基本的な知識を修得・確認したい方には、沼上幹『わかりやすいマーケティング戦略』（有斐閣、二〇〇〇年）九九頁以下がやさしくてよかろう。

政策競争の激化と財政逼迫による破綻等の問題に直面する自治体においては、あらゆる分野において、フォロワー戦略を採用し難い（この戦略を採っているようでは「居眠り自治体」とか「痴呆自治体」と呼ばれてしまう）。後発自治体の条例づくりについていえば、先駆自治体の先行例を目標としつつ、果敢にこれを上回る内容の条例をつくることが必要になる。これを筆者は、「政策法務のチャレンジャー戦略」と呼ぶ。本書のタイトル「条例づくりへの挑戦」は、このチャレンジャーの姿勢をあらわしている。

(4) 政策法務のチャレンジャー戦略における「条例のベンチマーキング」の比重

条例のベンチマーキングは、政策法務のチャレンジャー戦略における目標達成の一手段である。また、法務戦略の体系でみていくならば、【図1】中法務戦略の下位戦略にある立法能力開発戦略の目標達成のための一手段である。それが、各自治体における立法能力開発戦略の中でどの程度の重要性・優先性をもって位置づけられるかは、各自治体の法務を取り巻く外部環境や、法務担当部門の組織・規模や条例制定等の能力の現状、首長等の意識、他の各種政策との相対的な重要性などによって異なる。

ここで、必ずしも十分な経営資源を投入できない自治体（多くの中小規模の市町村がこれに該当すると思われる）は、後発自治体として「政策法務のチャレンジャー戦略」を採用することが不可避である。そして、その戦略目標は、①人的・財政的な資源投入を最少限化し（効率性の向上）、②先端的な例を改良して取り入れることにより優れた内容の条例案をつくること（質的水準向上）に置かれるべきである。

効率性の向上には、例規集のＷｅｂ化（検索機能の向上、情報の共有化、新旧対照表作成作業の効率化）や、一部改正条例の改正技法における「溶け込み方式」から「新旧対照表方式」への変更（鳥取県が先端事例である。ぜひ、参考にしてほしい）、事務の分権化（軽易な議案等の法務担当部門への回議省略～所管部門限りの処理）などの手法があることにも注意してほしい。また、質的水準向上には、以下で述べる「条例のベンチマーキング」のほか、近隣自治体との情報交換などがある。

さまざまな法務の施策を取り上げ、年間の原価（個々の施策に要する経費）と効果を考えながら、自分の自治体における最適の法務戦略（政策法務のチャレンジャー戦略）を策定していくことになる。

第2章 条例のベンチマーキング総論

1　条例のベンチマーキングとは

(1)　先行事例を参考にすることの不可避性

政策や条例案を立案するときに、他の自治体の先行事例を参考にすることは、おそらく、すべての自治体で行われていると思われる。これは、恥じるべきものではない。国でも、他国の制度を参考に政策を立案することがある。たとえば、最近創設された国の独立行政法人制度が、イギリスのエージェンシー制度を模したものであることは、周知のとおりである。

(2)　先行事例を網羅的に比較する方法の問題

ただ、自治体が先行事例を参考にするときは、とりわけ、同規模自治体や県内市町村の事例を網羅的に取り上げ比較する手法が、多用されているのではなかろうか。情報公開条例の制定において、自分の自治体が、どの程度他自治体の先行事例を参照したのかを、保存してある文書から調べてみてほしい。

この方法は、解釈・表現や改正手法について前例にこだわるスタイルの法制執務にとってはなじむものであるし、とかく保身に走りがちな上司にとっては「安心の」、換言すると「(木っ端)役人好みの」手法であろう。

たしかに、先行事例が多くないときは、デファクト・スタンダード(事実上の標準)的な事例は少ないし、研究者等による詳細な検討があまり公になっていない。そのようなときは、何が優れているのか判断することが難しいから、ある程度先行事例すべてを取り上げる必要があるかもしれない。しかし、先行事例が多数に及ぶときは、この網羅的参照の方法は、

① 第一に、内容的に価値のない(その例を取り入れても自分の自治体における立法上のニーズにはフィットしていない内容の)ものまで調べるという「無駄」がある、

② 第二に、内容的に価値のないものを誤って自分の自治体に取り入れ、内容的に不適切な条例を立案するおそれがある、

という問題を有している。

条例づくりに投入できる経営資源が恵まれていない後発自治体は、こうした問題をできる限り解消し、最少の資源投入で、最大の効果(条例制定)を図らなければならない。

(3) 条例のベンチマーキングの意味

そこで、まず、「条例のベンチマーキング」について、多少詳しく定義をしていこう。これによって、具体的にすることがイメージできるようになる。

条例のベンチマーキングとは、「他の自治体の最も優れた条例などのシステムを、自己の自治体の現状と継続的に比較分析して、自己の条例の制度設計・運用に活かすこと」(『理論と手法』二〇四頁参照)をいう。この場合の「条例」は、自治立法(条例だけでなく規則などを含む概念)と言い換えてもよいが、本書では押し並べて「条例」で統一する。

ベンチマーキングの対象にした他の自治体の最も優れた条例のシステムを「ベンチマーキング・モデル」と、また、そのような条例のシステムを有する自治体を、「ベンチマーキング先」という。

この定義について、いくつか付言しておくことがある。

(4) 行政評価におけるベンチマーキングとの違い

行政評価でいう「ベンチマーキング」は、評価指標の項目のことを意味することが多い。その点で、いわゆるベスト・プラクティスとの比較を核とする条例のベンチマーキングとは意味内容が異なる。筆者が用いる(条例の)ベンチマーキングは、企業の経営改革手法として一九九〇年代前半に用いられた手法である「ベンチマーキング」の条例づくりへの応用版である。少し古いが、ダイヤモンド・ハーバード・ビジネス編集部(編)『ベンチマーキングの理論と実践』(ダイヤモンド社、一九九五年)が読みやすい。もちろん、企業経営におけるベンチマーキングは、それ自体では、抜本的な事業革新を生み出さないという限界がある。条例のベンチマーキングも同様であって、この手法に習熟した後は、抜本的な政策転換を支えるハイレベルな法務能力（立法能力）の開発が必要になる。

(5)　最も優れたシステムを活かすとは

定義中の「最も優れた」とは、自己の自治体の立法ニーズにより良く適合したという意味である。ここで「立法ニーズ」とは、そのときどきにおける自治体の政策課題（行政ニーズ）のうち、条例等の立法によって対応すべきものということができる。よって、具体的に直面する立法ニーズの的確な把握が、必要になる。立法ニーズの把握については、『理論と手法』一六四頁～一七二頁（田中孝男執筆）を参照してほしい。なお、現に制定する条例等の法が、社会的・経済的・文化的な一般的事実に即して合理性を有している場合、その一般的事実のことを立法事実という。立法ニーズに的確な対応をした条例には、その条例を支える立法事実があるといえる。

(6)　条例のシステムを比較する

条例のベンチマーキングでは、「条文」という外面だけの比較（実務ではかなり多い）ではなく、その運用も含めた制度・システム全体（条例制定過程を含む）を対象に参照・比較する。文言は美しくても中身が伴わなければ、そのような条例をまねても自分の自治体に根付く（立法ニーズに適合し住民の福祉増進につながる）ものにはならない。

ここで、定義では「条例」のシステムと記しているが、場合によっては、国の法律や、私人間において定めた自主規制ルールや約款・協定が、ベンチマーキング・モデルとなることがあり得る。

たとえば、情報公開制度については、国の情報公開法は、対象となる公文書を決裁・供覧済のもの（それまでのほぼすべての自治体の条例が採用）にとどめず、いわゆる組織共用文書に拡大している（行政機関情報公開法二条二項、独立行政法人等情報公開法二条二項参照）など、情報公開制度によって達成しようとする住民の権利の実現や住民福祉の向上という目的にとっては、他の先行条例よりも優れており、ベンチマーキング・モデルにふさわしい。もちろん、国の情報公開法にも、手数料規定（行政機関情報公開法一六条、独立行政法人等情報公開法一七条）など、自治体が追従すべきでない部分がある。

(7)　継続的比較

条例のベンチマーキングでは、条例施行後も継続的に制度を比較することが重要である。これは、忘れがちだが、重要なことである。条例は運用されていく中で、時代の立法ニーズの変化についていけなくなることがある。ベンチマーキング先が、その地における立法ニーズの変化に対応して条例・システムの見直しをする場合、そのベンチマーキング先の旧制度は、「最も優れた」とはいい難い状態になる。そうした変更後の仕組みを踏まえ、自分の自治体における法制度・システムの見直しをしていくことが必要になる。

再び、情報公開条例・制度を例にしよう。多くの自治体では、土地開発公社等の地方公社や出資法人などのいわゆる第三セクターの情報公開を推進しようとしている。しかしながら、「条例で」、その第三セクターに対する住民の直接的な情報公開請求権を創設することは、法律との関係で難しいと考えて、そのような制度設計をしている（例、第三セクターに対する情報公開の求めを権利ではなく「申出」として構成している）。しかし、独立行政法人等情報公開法の立案のために政府において設置した特殊法人情報公開検討委員会が提出した「特殊法人等の情報公開制度の整備充実に関する意見」においては、条例により地方三公社を対象にした情報公開制度を設けることについては、地方自治法上可能であるし、各公社の設立法もこれを禁じていないとしている（第九、(4)）。現時点では、少なくとも地方三公社を、自治体情報公開制度の実施機関ないしこれに準じた公開機関とすることに、法的に何の躊躇も要らないし、そうした制度改革が必要である（宇賀克也『情報公開法・情報公開条例』（有斐閣、二〇〇一年）一九四頁）。これは、継続的比較がなされて初めて実現することだろう。

2　条例のベンチマーキングの手順

(1)　条例のベンチマーキングの手順

条例のベンチマーキングは、【図2】の手順で進められていく。他でのコメントと重複しないよう注意しながら、各ステップの内容について概観する（『理論と手法』二〇四頁〜二〇八頁も参照）。

(2)　目的の明確化

条例のベンチマーキングにおける最初のステップは、そのテーマにかんする自治体の目的・目標を明確化する

図2　条例のベンチマーキングの手順

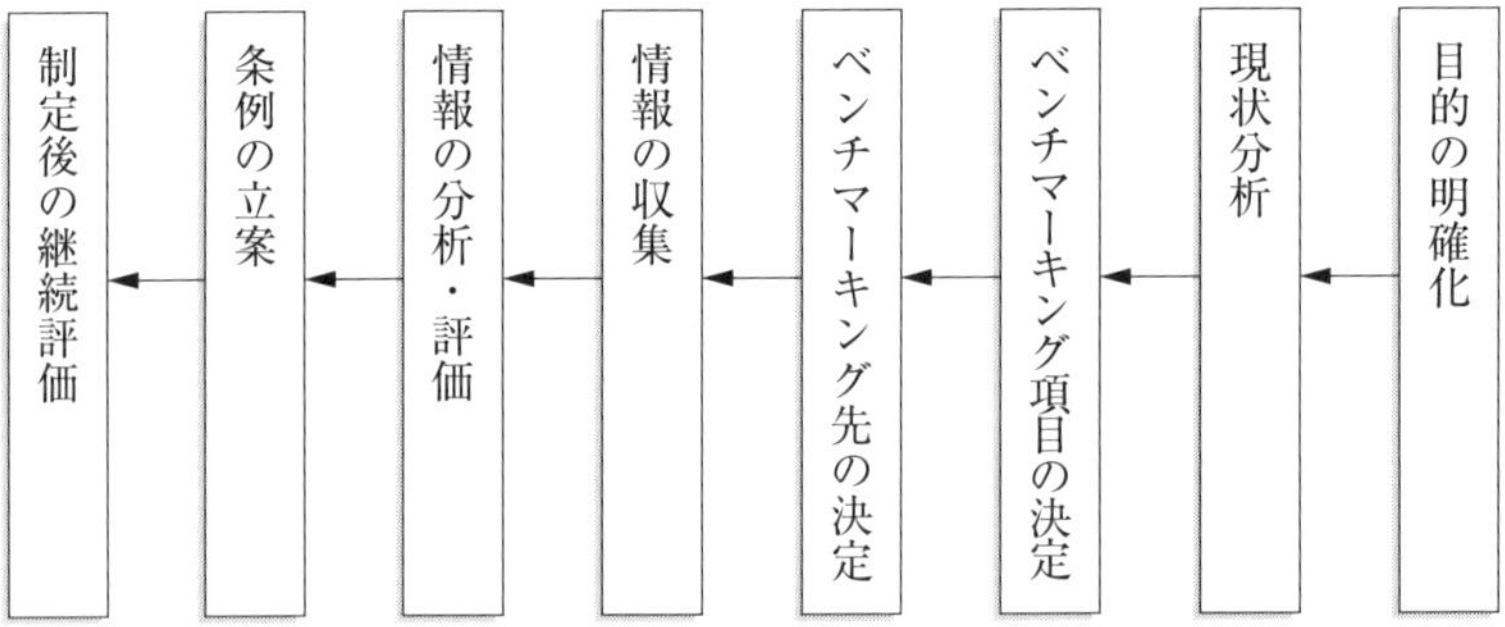

出典：木佐茂男（編）『自治立法の理論と手法』205頁の図4－4（田中孝男作）。

ことである。その文言は、抽象的には条例の「目的」規定に合致するが、この段階では、指標が定量的に設定される程度の、各部門の中期計画等における個々の事業・政策課題の政策（達成）目標にまで具体化させたい。この場合にも、最少経費で最大効果という地方自治法二条一四項の運営原則に照らすと、効果目標と効率目標の二種類の目標が設定されるべきである。

たとえば、住民参加条例であれば、「正式制度化する個々の参加施策において参加する住民数を○人にする」という効果目標のほかに、「正式制度化前の個々の参加施策に要する経費を制度化後の施策においては、総額○％（参加一人当たり○％）削減する」といった効率目標が設定されるべきということである。

なお、目的・目標の設定主体は条例案立案者になるが、行政当局提案条例にあっては、当該目的・目標の設定場面での住民参加の施策を展開し、当該目的・目標の内容についての的確性の確保と、その民主的・手続的公正性の確保を図りたい。

(3)　現状分析

設定した目的・目標にかんし、現行の自治体法（自治体が執行する国の法令や条例等。〈コラム1〉参照）の制度や運用が、どの程度乖離しているのか、その原因は何かを分析するものである。

再び住民参加条例の例で考えると、望まれる手法が実務で用いられていなかったり、参加の現状数が目標にどの程度達していないか、現行法制にどのような限界が有るのかを把握する段階である。

〈コラム1〉　自治体法とは何か

本書では、自治体の諸活動を規定・規律する「法」をまとめて、自治体法と称している。ある自治体における自治体法は、日本国憲法を頂点として、主に、国の政府機関が定める法（法律、政省令）、他の自治体が定める法（市町村の場合、地方自治法二五二条の一七の二以下の規定によって市町村が執行する都道府県の条例等がこれに当たる）、その自治体が自ら定める法（条例、規則）などによって構成され、体系立てられている（このほか、自治体法については、「新展開・第2回」九八頁以下を参照）。

(4)　ベンチマーキング項目の設定

その立法ニーズに対しては複数の対応策・手段が考えられる。そのうち、その目的・目標について、自治体の政策全体ないしその自治体における立法環境（自治体法の体系）における戦略的な重要度に応じて、取捨選択してベンチマーキング項目を設定していく。むろん、最初に設定した目的・目標を達成するための範囲内での取捨選択である。

たとえば、住民参加条例といっても、住民同士のまちづくり活動への参加の支援策に係る条例化は別の条例でするとか、住民投票制度は制度化しないという点においてベンチマーキング項目に上げないといったことが考えられる。

また、ベンチマーキング項目は、少なくとも、制度内容、制度化手続、運用、条文の各分野ごとに別にして考えることが適当である。内容的に優れた制度でも、その制定過程において住民の参加を全く欠くような場合が考えられる。一方、制度内容は良くても、条例の条文表現が稚拙であったり、条例事項と規則事項の振り分けが不適切であったりすることがある。優れた制度を運用の場面で、職員がこれを台無しにしていることも、あり得る。このため、四つの分野ごとに分けるのである。

(5)　ベンチマーキング先の決定

制度内容、制度化手続、運用、条文等の分野におけるベンチマーキング項目ごとに、いわば理想のモデルとなる先行事例を決定するものである。決定のためには、そのテーマにかんする各自治体の制度・手続・運用・条文について、ある程度の情報が必要になる。情報を詳細かつ全体的に集めて決定するのは、先行事例の網羅的比較と同じことになり、ベンチマーキングとしては不適当である。政策情報誌や報道等によって把握する概略情報〈コラム２〉のなかで、先に明確化した目的・目標達成に最も適していると思われる例を選択することになる。実際には、目的・目標の設定よりも前の段階（立法ニーズの把握）で収集した立法環境に係る情報で足りるであろう。後に述べる事例の検討に際して、この段階での具体的な収集情報例についてみていく。

一般論として、内容的には、

①　早い時点から積極的・自主的に各自治体に調査を行い、その結果を調査先自治体にフィードバックする（やる気がある）

②　条例制定過程が早い段階からインターネットでよく公表されている

③　条例案立案に向け多様な住民参加が展開されている

ような自治体の例は、制度内容・制度化手続は、優れている、「ベンチマーキング・モデル」にふさわしいものが多いと考えられる。

ただ、内容的に優れていても条例のつくり、すなわち条文自体に問題があるものも結構多い（たとえば、規定表現や、条例事項・規則等事項の振り分けといった事項）。そこで、形式面では、内閣法制局の審査を受ける法律・政令や、専門スタッフを擁する都道府県・大規模市のものが、正確性という点で整っている。ただし、平易性という点では、これらについても、なお改善の余地がある。

なお、中小の市町村の中に、先行事例のモデルというと、情報入手の容易さからか、その市町村の属する県の制度やその県の県庁所在市の制度を無批判にモデルとする例があるが、それは、ベンチマーキングと呼ぶに値するものではない。

ベンチマーキング先の決定に至る意思形成過程は、住民や後世の世代等がその決定の合理性を検証するために、理由付けも含め文書化・記録化しておくことが必要である。

〈コラム2〉　ベンチマーキング関係概略情報の全国的共有化のあり方

関係条例等のシステムを網羅的に比較し、その特徴・ポイントをまとめることは、地味でかつ手間がかかるが、欠くことのできない重要な作業である。しかし、各自治体が（多少の問題関心に相違があったとしても多くの事項について）重複して他自治体に調査をするのは、全体として考えると大きな無駄である。また、後発自治体は、先行自治体の成果（調査した自治体は、通常、調査依頼に回答した自治体に対し調査結果をフィードバックする）をただ取りして事を済ませがちである。こうしたただ取り（フリーライダー）的な傾向は、望ましくない。皆がフリーライダーにまわり、結局、新しいことをしようとする自治体がなくなるおそれが出てくるからである。

地方六団体等の全国的自治体連合組織こそ、こうした情報を調査し、とりまとめ、一般に公表して、ベンチマーキング関係概略情報の全国的共有化に主導的な役割を果たすことが期待される。全国一律的な条例準則（もどき）を策定すること以上に必要とされる機能であろう。なお、地方六団体が運営する「地方分権推進本部」のサイトは、こうした観点での情報収集にとって、比較的有用な内容を含んでいる。

地方分権推進本部のサイト　http://www.bunken.nga.gr.jp/

なお、都道府県においても、本気で市町村に有益な情報提供をする組織となるつもりならば、一律的な条例準則を示すのではなく、その政策・立法テーマにかんする法的な争点や複数の制度案と各案の長所・短所・課題を中立的に情報提供するべきである。

近年は、NPOによる政策情報・条例化情報の収集・発信が著しい。研究者の文献にも必読のものがある。こうした組織・研究者の提供する政策情報・条例化情報は、一般の住民だけではなく、後発自治体にとっても貴重な情報源になる。とくに、市民立法推進機構（編）『市民立法入門』（ぎょうせい、二〇〇一年）三〇一頁以下の第四編データ編と北村喜宣『自治体環境行政法〔第二版〕』（良書普及会、二〇〇一年）付録は、ぜひ入手してほしい。

(6) 他法・異分野の例をベンチマーキング・モデルにする

ベンチマーキング先は、同じ政策テーマにかかわる条例システムになるとは限らない。条例に適切な先行例がないときに、国法をベンチマーキング・モデルとすること、さらには外国の制度をモデルにすることは、よく行われる。前者の例として、情報公開条例のバージョン・アップのモデルに国の行政機関情報公開法をモデルにすることが挙げられる。後者の例として、福岡県行政手続条例一〇条（公聴会関係規定）が、アメリカ連邦行政手続法中の「レグ・ネグ法」からヒントを得たものであることは、よく知られている。

さらに、民間企業のベンチマーキングでは、優れた仕組みであれば、他の業種における成功例をモデルとする例がある。行政においても、たとえば、財務諸表への貸借対照表の導入など、民間の制度を取り入れることがあり得る。むろん、法制度には、民間で提供する業務と相いれないものもあるので、異分野の仕組みをベンチマーキング・モデルとしてそのまま活用する機会は、組織内部を規律する条例を除き、そう多くないと思われる。ただ、条例制定プロセスについては、他法・異分野の例をベンチマーキング・モデルにすることが有益の場合が数多くあると思われる。

(7) 情報の収集

ベンチマーキング先の条例のシステムについて、詳細な情報収集をする。制度・運用については、事務フローだけでなく、投入人員とその教育（研修）状況、原価（経費）、本音レベルの運用上の問題、訴訟等の提起状況などを含む。また、ベンチマーク先における自治体法または条例の体系と、その体系のなかでのベンチマーキング・

モデル条例の位置づけを把握することが必要である。

これらについては、公になっていない情報もあると思われることから、直接ベンチマーキング先から情報収集すべき事項もあろう。相手方に誠意を尽くして情報収集する必要がある。場合によっては、ベンチマーキング先において支障があるとする情報については情報公開の請求があっても公開しないようにすることが検討される必要があるかもしれない。

(8)　情報の分析・評価

収集した情報によって、ベンチマーキング先における条例のシステムの全体像が明らかとなる。これをそのまま自分の自治体で導入した場合について、ベンチマーキングの一番最初の段階で明確化した「目的・目標」に照らして、達成度を予測する。目的・目標に到達しないのであれば、その乖離を明確にし、ベンチマーキング・モデル以上の制度開発が試行される（または目的・目標の水準を下げる）ことになるし、目的・目標を大幅に越えるのであれば、目標をさらに高いところに置き換える。

(9)　条例の立案

情報の分析結果に基づき、条例を立案することになる。ここでは、条例の条文だけではなく、その施行規則や実施細目（運用基準）、財政措置、関係職員の配置や事前研修なども含め、新しい（ないし改善した）制度の運用も含めた制度設計を意味する。単純な、法条文の整序だけが、条例制定法務なのではない。

実例で紹介するが、制度・条例の、その自治体における政策ないし自治体法の体系上の位置づけを明確にしておくことが望まれる。

(10)　条例のベンチマーキングと条例制定過程

行政当局の立案した条例案は、パブリック・コメント（後述）によって一般の意見を踏まえて修正され、あるいは議会審議における政治的なやりとりの中で修正議決されることがある。修正された条例の内容によっては、最初に予定していた条例システム（運用など）を改める必要が出てくる。目的・目標レベルに影響する修正であれば、当該修正による目的・目標に照らして修正条例の運用レベルでの補正が必要となり得る。目的・目標レベルが同じで内容が修正された条例については、修正後の条例とその運営の仕組みが全体として当初の目的・目標レベルに達するよう、条例の運用などを整備する。

行政当局による条例のベンチマーキングは、立法ニーズの的確な把握が前提となっているが、重要な制度で制度化までに長期間を要するものについては、途中で事業環境の変動等によって立法ニーズが変わってくる可能性がある。そうした場合などを考えると、条例のベンチマーキングの各段階において、パブリック・コメントその他の適切な住民参加措置を講ずることが、検討されるべきであろう。

(11)　制定後の継続評価

法律や条例の附則等に制度の見直しにかんする規定が置かれることが増えている。こうした規定がなくても、先に述べたように、条例のベンチマーキングにあっては、現状の法制度について継続的な評価が必要になる。条例のベンチマーキング手法中の評価は、ベンチマーキング先の状況との比較となる。具体的な項目は、立法目的・立法内容・立法表現・法運用の四テーマに分けて行うことが適当である（田中孝男「分権時代の法制評価を考える」『地方自治職員研修』一九九九年三月号四四頁以下参照）。

⑿　住民立法における条例のベンチマーキング手法の活用

ここまでは、主として、行政当局（首長提案）立案の条例を想定して述べてきた。だが、今後は、直接請求権（地方自治法七四条）を中核とした住民自身による条例立案（本書では、これを「住民立法」という）が重要になる。そこで、住民立法においても条例のベンチマーキング手法を活用し得るのか、どのように活用するのかが問題となる。

各種ＮＰＯによる支援が充実しつつあるといっても、住民立法に取り組む住民は、資金的・時間的・人的制約から、行政当局並に資源を投入して条例案を立案することはできない。まして、運用の細部までを設計することは、非常に難しいと推測される。

それゆえに、住民立法による法制度・システムの立案には、その効率化のため、条例のベンチマーキング手法を活用することが有益と思われる。個々の住民立法の案件は一般には特定・同一の関心をもった住民等がその主体となって立案している。したがって、そこで設定される目的・目標は、多元的な価値観を背景に有する人々の政治的やりとりの結果設定される目的・目標よりも優れているとはいい難いものとなる。

住民立法にかかわる関係者は、条例のベンチマーキングの各段階においてできるだけ多くの人々の意見を聞き、条例立案に取り入れていくことが期待されていよう。

3　条例準則論の検討

(1) 条例準則とは

九〇年代半ば以降から本格化する地方分権時代以前は、重要な分野の条例については、中央省庁やその外郭団体が、条例準則を作って自治体に示してきた。条例準則は、モデル条例などと呼ばれることがあるが、本書では、「条例準則」に統一する。

また、都道府県も、管下の市町村等に対し、国の条例準則を多少カスタマイズして、市町村向け条例準則を示すことがある。自治体は、条例準則をなぞって、仕事をしていれば済むこともあった。条例準則が、本書でいうベンチマーキング・モデルになっていたといっても過言ではない。

法律が条例のベンチマーキング・モデルとなることもある。たとえば、各自治体の行政手続条例の大半は、行政手続法をそのままコピーした内容だが、この場合における行政手続法は、行政手続条例のベンチマーキング・モデルとして機能していたことになる。

(2) 条例準則の果たしてきた役割

中小自治体にとっては、経常的に人的余裕がないとか、職員の能力に限界があるといったことを理由に、政策的条例の設計が難しいという課題があり（いいわけにすぎない？）、それに従っていれば誤りではないという意味において、条例準則には意義がある。とくに、税条例は、住民の納税義務の範囲と内容を画する非常に重要なもので、解釈があいまいにならないよう、とくに正確な表現が大切にされている。こうした条例に、条例準則を活用することは、違法行政にならない、すなわち立法の最低水準の確保という点で必要であったといえよう。

(3) 分権時代における条例準則の法的性格

こうした条例準則は、今日の地方自治法制上、いかなる法的意義があるか。まず、国の行政機関が定める条例準則についてである。現在の条例準則は、個別法令に定めがなければ、法的には、自治事務に対する技術的な助言・勧告（地方自治法二四五条の四、なお地方公務員関係制度については地方公務員法五九条も重要）と位置づけられる。また、法定受託事務について条例準則を定めたときは、それが処理基準（地方自治法二四五条の九第一項）となることが考えられる。条例準則と異なる条例については、一応、是正要求等の関与が考えられるが、そうした各地の条例には地域固有の事情が反映されているはずであり、地方自治法二条一一項〜一三項の立法原則等から、条例準則の一般的優越性は認められないであろう。なお、国が発する条例準則は近年、「執務の参考であるという旨を明確にするため」（二〇〇〇年一一月二二日付けの消防庁次長通知など）、「条例準則」から「条例（例）」と名称を改めるようにしている。

次に、都道府県が、管下市町村に対して出す条例準則についてである。これも同様に、自治事務に対する技術的な助言・勧告（地方自治法二四五条の四）か、法定受託事務であれば処理基準（地方自治法二四五条の九第二項）となることが考えられる。その市町村条例に対する一般的優位性も、認め難い。

次に、国の外郭団体等行政機関以外の関係団体が定める条例準則についてである。外郭団体名や、関係省庁職員の有志の研究会など、さまざまな形での条例準則の提案が想定される。これらは、いずれも、条例準則作成主体の営業活動ないしサービスとして各自治体に提示されるものであり、法的に特別な性格を有するものではない。コンサルタント会社の報告のようなものであり、拘束性はさらに低い。また、最近は、全国的自治体連合組織である地方六団体が、条例準則を定めることが増えている（近年の例でいえば、議長会による「政務調査費条例」の準則策定）。事務局の主要ポストが総務省（旧自治省）関係者で占められている点で、地方六団体は国の外郭団体的な性格を払拭しえない。また、そこから出される条例準則も、性格的には、拘束力のない参考事例になるといえよう。

(4)　条例準則はベンチマーキング・モデルとなり得るか

条例準則は、一般的にはベンチマーキング・モデルにはなり難い。①条例準則の内容は基本的には全国一律を想定したものであるのに対し、とくに各自治体の政策的な条例は、各自治体の固有の行政ニーズへの対応のために制定するものであるため、画一を目指す条例準則とは、原理的に相いれないこと、②内容的に適法性や法的妥当性について誤りや疑義があったり、法制執務面で問題があったりする条例準則も相当数あることが、その理由である。後者が生ずる理由は、条例準則を立案する国の関係者等は自らが所管する国の法令・制度の詳細については熟知していても必ずしも条例制定権の内容については十分な理解をしていないことが往々にしてあること、その条例準則案は内閣法制局等の法制執務担当部門の厳しい審査を経ないで発せられることにあると、推測される。

内容的に問題な条例準則として、たとえば、私権の制限をする許認可制度についてはその基本的な基準は権利制限・義務賦課事項条例主義（地方自治法一四条二項）に照らし条例事項とするのが一般的な考え方（国も、許認可基準を政省令に全面委任するものについてこれを法律事項にできる限り改めている）であるのに対し、許可基準を全面的に規則に委任することとしている屋外広告物条例準則（国土交通省）がある。また、単純なミスのある条例準則もある（二〇〇〇年には条例準則に誤りがあったことによる固定資産評価審査委員会条例の改定が行われる例が全国各地でみられた）。地方公務員法関係の条例準則第一条の多くが、その内容が「趣旨」規定にすぎないものを、「……について定めることを目的とする」としていることも、広く知られている。

ただ、法律に基づく全く新しい制度設計の場合には、他自治体に先行事例がないため、条例準則をベンチマーキング・モデルとせざるを得ないこともある（第四章参照）。

(5) 条例準則は否定されるべきか

条例準則を頭から否定する必要はない。参考例があった方がゼロからスタートするよりも早期に改良・改善しレベルアップを図り得るからである。ただ、国等が定める条例準則の限界や問題点を的確に把握できるようにならなければならない。このとき、中小規模の市町村においては、その組織自体の有する法務能力の限界から、条例準則に盲従せざるを得なくなる。自治体連合組織等によるサポート、NPOによる条例準則の分析・評価・監視が望まれる。

(6) 民間がつくる条例準則

各種市民活動グループや住民がつくるモデル条例も、とくに先駆的な政策分野においては、参考になることが多くなっている。自治体連合組織とともに、条例準則の策定主体として、今後、重視される必要があろう。もっとも、モデル条例づくりがビジネスとして成立するようになると、中小市町村が基本構想（案）づくりをコンサルタント会社に外注したときのように見られたような、条例づくりの丸投げによる自治体自身の政策立案能力（立法能力）の低下をもたらすおそれもある。

(7) 国・都道府県の定める条例準則のあり方

分権改革によって種々の通達が廃止されているなか、条例準則がどこまで活きているものなのかは明確でない。また、条例準則は、自治体関係者や研究者は入手が容易かもしれないが、一般の人々が入手することは著しく困難である。まずは、条例準則の網羅的・統一的な把握が必要である（市販の加除式等の条例準則集も価格等の面から一般には著しくアクセス困難である）。

関与の透明性という観点からも、国ないし各省庁は、国税通達のように、自らが定めている条例準則を、少なくともインターネットのサイトで一覧になるよう公開し、一般の目に触れさせるべきである。都道府県が定める市町村のための条例準則についても、同様の公表措置を講じるべきである。

第二に、条例準則の具体的提供のあり方として、単に一種類の条文を示すのではなく、なるべく考えられ得る複数の案を提示すべきである。その際は、個々の案の長所・短所を明記し、自治体側の選択の便に資するような配慮が望まれる。単一の案の場合、最低、制度の設計趣旨や条文の解説が必要であろう（この点については、既存の通知においても、紋切り型の表記ながらある程度の配慮があった）。

これらの役割について国等がやる気がないのであれば、自治体連合組織（都道府県が制定する条例準則については当該地域・都道府県内市町村の連合組織）が、情報の整理公開・解説の付与等をすべきである。これは、会員自治体のためだけではなく、住民のためのものである。

第三に、こうした条例準則の策定過程に自治体側の考え方を取り入れること（意見陳述の機会を設けるなど）、さらにパブリック・コメントを導入することが望まれる。これも透明性の向上につながるものである。自治体側も、自治体連合組織等を通じて、公式に、かつ、積極的に意見を述べることが必要である。

第3章　演習1　パブリック・コメント条例

1　自治体版パブリック・コメント

(1)　パブリック・コメントとは

パブリック・コメントというのは、行政が政策や施策を決定する前に、その原案などを広く一般に公表し、そこで得た各種の意見を踏まえて案を確定することをいう。なお、パブリック・コメントの具体的な制度や手続に着目し、パブリック・コメント制度とか、パブリック・コメント手続とか呼ばれることもあるが、ここでは、単にパブリック・コメントということにする。また、この章では、パブリック・コメントを省略してＰＣと表記することがある。

(2)　国のPC導入

わが国で、PCをシステム的に整備した形で明示的に導入したのは、自治体ではなく国の行政機関が先である。一九九九年三月二三日の閣議決定「規制の設定又は改廃に係る意見提出手続」として、同年四月一日からスタートした。それ以前にも、各省庁が、それぞれが独自の方法で、PCを行う例はあった。この国のPCは、「規制緩和」の推進方策として展開されたものである。その後、行政改革会議の最終報告を経て、中央省庁等改革基本法五〇条二項は、「政府は、政策形成に民意を反映し、並びにその過程の公正性及び透明性を確保するため、重要な政策の立案に当たり、その趣旨、内容その他必要な事項を公表し、専門家、利害関係人その他広く国民の意見を求め、これを考慮してその決定を行う仕組みの活用及び整備を図るものとする」と規定した。国のPCは、単純な規制緩和から、政策形成への公正・透明の確保に制度目的をレベルアップしているといえよう。

なお、日本のPCは、主に、アメリカの連邦行政手続法における「ノーティス・アンド・コメント」あるいは「ノーティス・アンド・コメント・ルール・メイキング」の制度を参考にしたといわれているが、自治体の制度設計においてひとまずはアメリカの制度は参照しなくても良いと思われることから、ここでは、深く言及しない。

(3)　自治体のPC導入

自治体では、滋賀県、福井県、新潟県、岩手県が、要綱や庁議決定の方式によって、二〇〇〇年四月一日からPCを導入したのが最初であり、都道府県レベルではかなり急速に制度化が進んでいる。その一方、二〇〇〇年三月時点の旧自治省調査では、市町村ではPCそのものに対する理解が不足していたためか、導入に消極的な市町村が多かった（政令指定都市を除く市町村の約三分の二）。もっとも、条例の制定では、市町村が先んじた。二〇〇一年九月、神奈川県横須賀市が、ＰＣの条例を制定した（横須賀市市民パブリック・コメント手続条例。二〇〇二年四月一日施行）。また、同月、北海道石狩市が、比較的詳細なＰＣの手続を規定した市民参加条例を制定した（石狩市行政活動への市民参加の推進に関する条例。愛称：石狩市市民の声を活かす条例。二〇〇二年四月一日施行）。

(4)　ＰＣの要件

住民が自治体の政策やまちづくりの計画などの案に対して意見を述べる制度については、公聴会や、意見書の提出（都市計画法一七条二項など）などが法定されている。また、公聴制度の一環として、市政（県政等）について住民から広く一般的に意見を聞く制度は、多くの自治体に既に存在する。こうした中で、ＰＣは、次の事項をその骨格的な内容としているものと、本書では考える。

① 対象事案についての行政当局の案やその理由等の事前公表
② 十分な期間を設けた意見等の提出
③ 意見等を踏まえた行政当局の意思決定
④ 提出された意見等と、これに対する行政側の考え方の公表
⑤ パブリック・コメント手続実施状況の通覧

逆にいえば、こうした要件を欠く手続・制度は、ＰＣと呼ぶに値するものではないといえる。自治体では、既に、従来の公聴活動においても、個別の施策について意見・提案を募集することがある。しかし、それは、その

意見に対する行政側の考え方等が公表されないなど、右に述べたＰＣの要件を満たしているとはいい難い。

(5)　ＰＣ制度化の必要性

地方自治は、住民自治と団体自治の二つの基本的な内容としており、前世紀末の地方分権は国の法令レベルでは団体自治の確立を主とした改革であったのに対し、自治体レベルではこれと相等しい水準で住民自治に係る施策、典型的には住民参加措置の充実に努めなければならない。こうした点でＰＣは、

①　各種政策等への住民意見の反映

②　住民の意見を踏まえた決定をすることによる行政上の意思決定の適切性の確保

③　意見に対する措置の考え方や理由の説明を義務づけることによるいわゆる説明責任の向上

を通じて住民自治の確立を図る一つの手段ということができる。

それゆえ、ＰＣは、「地方分権時代の標準装備としてトレンドとなりつつある」（北村喜宣『自治力の発想』三〇頁）のである。

各自治体が、その政策立案や執行・評価過程に住民参加をどのような手法・内容で講じているかは一様でないし、また、その法的な根拠やその自治体の自治体法における体系化の状況もまちまちである。そうした中で、ＰＣがどのような重みづけと位置づけをもって各自治体の住民参加施策の中に組み込まれるかは各自治体における固有の政策判断の領域に属するが、「国のみならずほぼすべての都道府県がＰＣを制度化すること」、「それが制度的に不適切であるという積極的な理由は見当たらないこと」を考えると、市町村でも、住民参加にかんする最

低限・当然の施策として、ＰＣを制度化することが急がれよう。

⑹　ＰＣ条例化の必要性

さて、ＰＣの法的根拠について、試行的な段階であれば、要綱によることもやむを得ないが、制度を恒久的に要綱で定めることについては適切とはいい難い。

なぜならば、要綱による制度では、ＰＣの実施は実施機関にとって法的義務ではないことになる。また、住民の意見提出はあくまでも行政が恩恵的に行っていることになる。ＰＣを行わなくても、あるいは内容・手続的に問題のあるＰＣであっても、行政当局にも担当者にも、何のペナルティーも課されないことになる。

そこで、制度をいわゆる訓令の形式で定めることも考えられる。だが、その違反は内部的には懲戒等の事由に該当するものの、その発動は任命権者の広範な裁量に委ねられる。ＰＣなしで、あるいは欠陥のあるＰＣであっても、それに係る政策等の内容が結果として行政当局に都合がよいものであれば、任命権者が、訓令違反の非を問うことは、ほとんど考えられないであろう。

このように、制度の根拠を、要綱や訓令の形式で設けるのは、住民にとって適当ではない。

なお、ＰＣを、住民参加ではなく、専ら行政当局における政策立案のための情報収集の一手段と位置づけることもあり得ない話ではない。そうした場合、あくまでも行政内部の仕事の仕方として、制度根拠を要綱や訓令に置くことが考えられる。しかしながら、その考えは、地方分権とその背後にある住民自治の理念には全く届かないものであるため、ここでは採用し難い。

行政活動への住民参加の諸施策は、ともすれば、実質を欠き、単に形式だけのものになるおそれがある。最近は委員の公募制等によって多少改善されてきているが、いわゆる審議会等の組織が、行政当局が求める内容の意見・答申等をする例（審議会が行政の隠れ蓑と化す例）は、まさに、実質を欠く住民参加の例である。住民の立場からは早急な是正が求められるが、現実にはいまだに数多く見られる。PCも、住民の意見に対し当局が（理由を公表したとしても）原案をほとんど変更しないようでは、果してどこまで本気で行政当局が住民の意見を大事にしているのだろうか疑われる。実際、国や先行自治体のPCの実例においては、意見を踏まえた訂正は表現の手直しに属するものが大半であって、当初の原案における中身の本質を修正するものは、ほとんど見当たらない。

PCも、似非（えせ）住民参加措置に堕落するおそれは、かなりあるのである。住民自治の確立・住民参加の実質化という観点（〈コラム3〉参照）に立てば、住民に、PCにかんする手続的な権利を保障することが望まれ、それには、（何を内容に盛りこむかという問題はあるが）条例という法形式が必要になる。

さきに述べたPCの制度目的は、行政の意思形成過程の公正・透明の向上につながるものだが、そうした仕組みにかかわる制度は、行政手続法や情報公開法（行政手続条例や情報公開条例）にあるように、法律や条例という根拠を有することが多くなっている。そうした法律・条例とのバランスを考えても、PCを条例ではなく要綱・訓令の形式で定める積極的理由は乏しいだろう。

〈コラム3〉 市民参加の階梯とパブリック・コメント制度

アメリカの社会学者、シェリー・アーンステイン（Sherry A. Arnstein）は、「市民参加の階梯」を提唱した（ここで市民参加とは本書でいう住民参加と同じものと考えることができるが、多くの人々の訳語が「市民参加」のため、アーンステイン氏の論にかんする記述においては、「市民参加」や「市民」という言葉を用いる）。この議論は、住民参加・市民参加にかんする文献やさまざまなテーマのサイトで多々紹介されている。

アーンステイン氏は、多様な市民参加の態様を、下から、世論操作（manipulation）、不満回避策（therapy）、情報提供（informing）、相談（consultation）、懐柔策（placation）、パートナーシップ（partnership）、権限委任（delegated power）、住民による管理（citizen control）の8つの段階（階梯）であらわした。このうち、世論参加と不満回避策は非参加（non-participation）、情報提供、相談、懐柔策は名目的参加（tokenism）、パートナーシップ、権限委任、住民による管理は市民権力（citizen power）と3つに大括りされている。

アーンステイン氏のいう市民参加は、市民に対して彼らの目標を達成することができる権力を与えることを意味し、その意味での権力を伴わない参加は市民参加に値しないとする。

自治体が講ずる住民参加の施策が、その点で非参加・名目的参加にとどまるものであれば、それは住民自治の実質化に資するものではないといえる。

ＰＣが単に住民が意見を出せるというだけでは、市民参加の階梯の「不満回避策」から「相談」の間の段階にすぎない。ＰＣが真に住民自治を実現するものとなるためには、（それだけでは達成が難しい場合は他の施策と合わせて、）実質的な参加（市民参加の階梯の「パートナーシップ」以上のレベル）となるような制度設計が必要なのである。

なお、このコラムをまとめるに当たっては、用語等において、とくに、分権条例研究会「分権条例の構造と論理（第七回）」『ガバナンス』二〇〇一年十一月号一〇〇頁（出石稔執筆）と、今村都南雄ほか『ホーンブック行政学（改訂版）』（北樹出版、一九九九年）二一九頁を参照した。

2　パブリック・コメントの条例化におけるベンチマーキングの実践

(1)　目標の明確化

まず、ＰＣの法制度化によって目指す法的な目標を明確化することが必要となる。その最初に、この施策の自治体における政策体系下での位置づけを明らかにする。多くの自治体では、行財政改革推進計画を策定しており、ＰＣは、その計画の中で住民参加施策の一手段として位置づけられていることが多いと思われる。本書の演習でも、ＰＣを「住民参加の実質化」のための手段として位置づける。問題は、その手段が達成しようとめざす法の目的・目標である。これは、制度設計の方針にもなる。

その目標は、抽象的には、先に述べたとおり、ＰＣを通じた「各種政策等の決定への住民意見の反映」「住民の意見を踏まえた決定をすることによる行政上の意思決定の適切性の確保」「意見に対する措置の考え方や理由の説明を義務づけることによるいわゆる説明責任の向上」を図ることで住民自治を確立するということになろう。だが、それでは、制度設計の具体的な指針にならない。そこで、これを具現化した内容を制度の目標として記すこととする。また、制度化後三年～五年以内にＰＣを通じて実現する住民参加の状況を、具体的に書き表すことにする。他自治体の先行事例からＰＣの内容をある程度知っていないとこうした目標は設定できない。以下の目標を例示する。

①　できる限りあらゆる分野の自治体行政における諸活動について、そこでの「住民参加を実質化」するた

め、住民等の意見提出を「権利」として保障する。

② これを「権利」として保障するというからには、権利侵害に対する救済措置を講じる仕組みを設ける。

③ 住民の権利行使を促す仕組みを設ける。

④ これらによって、各案件一件当たりの意見提出者数を一〇〇名以上とする。

⑤ 各案件における意見提出者の半数以上は、利害関係者以外のものとする。

⑥ 各案件の意見募集では、インターネット、広報誌以外の媒体を少なくとも二つ以上使用する。

⑦ 意見の半数以上が、事案の的確な把握、これに対する明確な意見の表明、意見を裏付ける理由から成るものとする。

⑧ 右の意見に対する行政当局の回答も、当該意見の事実把握に対する評価、当該意見に係る理由に対する行政当局の見解（きちんとした理由付け）で構成されるものとする。

⑨ 意見の概要と行政当局側の考え方は、平均一四日以内にとりまとめて公表する。

⑩ 関係案件にかんする住民側からの対案の提示（例、関係条例の直接請求のための署名活動開始等）がある。

⑪ 意見募集のための案件・資料の公表は、平均して意見提出期限の四〇日前までに行う。

⑫ 条例上実施義務はない事項についてのPCが、年間〇〇件以上行われる。

ここで例示した指標・目標は、住民参加の一手段であるPCの権利としての保障と、意見の量的拡大と質的向上、意見に対する自治体側応答の質的向上と事務処理の効率化に焦点を当てて設定している。ほかに、「住民の意見を踏まえて原案を改訂する箇所が〇箇所以上」といった目標も考えられるが、原案改訂の量と質は、原案の内容と、提出された意見の質と量、相互に依存するため、適切とはいい難いと思われる。用意した例の数は少し多い。目標が多いと、今度は各目標の優先度をどう設定するかといった問題が生ずるので、可能であれば、三～五程度に、指標・目標を絞るべきであろう。ただし、本件の場合、①～③は制度内容の目標であり必須である。なお、PC制度化に当たっては、審議会による審議やPCを手続的に取り入れると思われる。上記目標は、具体的な制度設計を左右するものとなるため、PC制度の原案を具体的にする前に、審議会・PCといった住民参加措置を取り入れることが望まれる。

(2)　現状分析

この段階では、各自治体の自治体法や行政実務に照らし、(3)のとおり現状を洗い出し、目標との乖離を明らかにする。PCの場合、制度の実例がないケースが大半と思われるが、各部局において独自にPC的な制度を設け実施していることもあり得るので、そうした現場独自のPCの有無と（有りの場合における）目標からの乖離状況を調べておく必要があろう。

(3)　住民参加・行政手続の中のPC

PCは、行政活動への住民参加の一手段であることから、その自治体における住民参加の各手段と実際の状況について全体的にどのような姿になっているのか、明確にしておく必要がある。さらに、そうした各手段が、自治体法においてどのような規定上の根拠や法上の定めを置いているのかを把握することが重要である。

同時に、ＰＣは、行政手続（事前手続）の一部を構成する（行政活動への住民参加それ自体、行政手続の一部分であるといえる）。ＰＣ自体は、その対象事項の定め方によって、首長の条例案立案手続、行政立法（自治体の場合、規則その他の規程）制定手続、計画策定手続、公共事業手続を横断的に構成するものになる。よって、行政手続全体の中で、ＰＣがどのように制度的・法的に位置づけられているのかを明確にしておく必要がある。なお、必ずしも住民参加施策とはいえないが、ＰＣに類似する施策がないか、また、その現状がどうなっているのか、先の目標達成のため、あわせて制度化する必要がないのかをここで検討しておく。具体的には、ノーアクション・レター制度（〈コラム４〉参照）がある。

ＰＣの対象となる行政上の意思決定（計画、条例案の立案など）において、その決定の適切性を確保するためには、住民参加措置のみで足りるとは限らない。高度に専門的な内容にかかわるものについては、ＰＣによる意見以上に、専門的なシミュレーションやアセスメントの内容が重要になることもある。それゆえに、ＰＣが、その対象において、一様に重要性をもつわけではないことにも注意する必要がある。

こうした制度の現状と制度・法における体系上の位置づけを明確にし、目標との乖離の状況を明らかにすることで、制度化に当たって特に検討すべき項目を絞り出すものである。

次に、既存制度における、人的・物的所要経費（いわゆるコスト）と、（ＰＣの制度化検討に当たって用意した目標からみた）効果についても、できる限り具体的に把握しておく。公会計改革ブームで多少議論されつつあるが、経費についての原価計算は、日本の行政現場では皆無ないし稚拙な水準でしか行われていない。ここでは、所要人員と業務量（いわゆる○○人分の業務量）とその施策に要しているその他の予算（ないし予算執行額）をもって把握したものでもやむを得なかろう。

〈コラム4〉　ノーアクション・レター制度

ノーアクション・レター（制度）とは、「民間企業等が実現しようとする自己の事業活動に係る具体的行為にかんし、その行為が所管法令の対象となるかどうかをあらかじめ行政当局に確認するために必要な手続及びそれに対する回答に係る手続」のことをいい、日本語では「法令適用事前確認手続」と呼ばれている。行政手続法九条二項の情報提供義務の延長にある制度といえよう。この制度は、主として、新しい金融商品等が法令の規制対象となるかどうかを事前に確認するという経済界のための手続として考えられているが、二〇〇一年九月からは、国税についてのノーアクション・レターといえる文書照会・文書回答制度も国税庁指針として本格実施されている。国税において制度化されているのであれば、せめて自治体でも地方税の課税について、国並（最善かどうかについては話は別）の制度を設けることが検討されるべきである。その点で、自治体では、PCの制度化と並行してノーアクション・レター制度導入の検討が必要になると思われるものである。

(4)　ベンチマーキング項目の設定

先行自治体のPCについてのベンチマーキング項目は、設定した目標とPC制度の骨格的な要件から洗い出される。本書では、①制度目的、②実施機関、③対象事項、④案件等の事前公表の質と手続、⑤意見の提出手続（期間・方法等）、⑥意見に対する行政当局の措置と応答の質と手続、⑦実施状況の公表、⑧救済措置を、ベンチマーキング項目としよう。

(5)　ベンチマーキング先の決定に向けて――基本文献の収集

右のPCの目標達成にとって最も理想に近い先行モデルをベンチマーキング先として選定することになる。後発自治体は、その施策の調査研究に労力と経費をあまりかけられないのが実態であろうから、簡単に先行事例の比較検討をした既存の文献・資料を基に、モデルを決めていく。まず、候補としては、国のPCと他自治体のPCとがあるが、国の制度は「規制の設定改廃」に対象を限定しており（ただし、一部の分野では「規制」以外の政策でPCを行うことがある）、また、実際の意見募集期間が二週間程度と極端に短いことも多々あり、権利としての意見提出の側面はほとんどないことから、本書でのベンチマーキング・モデルには採用できない。

他の自治体の先行例については、資料の入手が鍵となる。上司等への説明を容易にするためには、公的機関が作成したものが無難だが、論点・争点をきちんと整理してその長所・短所を明らかにするといったものは、本書執筆時点（二〇〇二年三月）では、見当たらない。ここでは、『ガバナンス』誌に連載されている「分権条例の構造と論理」において分析されている横須賀市市民パブリック・コメント条例の解説（同誌二〇〇二年一二月号一〇〇頁以下。山口道昭執筆。以下「山口論文」と呼ぶ）を基礎資料にする。

山口論文の［表2］（同論文一〇一頁）によれば、一四道府県、三市の対象事項の比較が行われている。山口論文は、国のPCの手続を概観した上で、先行自治体の事例の対象事項を紹介し、これに続き、横須賀市条例の内容の検討に移っている。後に述べるように、本書でも、内容的には、まずは横須賀市の条例・制度をベンチマーキング・モデルとするため、山口論文は、ベンチマーキング・モデルの意義と課題を把握するためにも重要な文献である。

ちなみに、筆者も、二〇〇一年一〇月時点の都道府県の現状と横須賀市・石狩市の先行事例について、ほぼ先に挙げたベンチマーキング項目に沿って、分類・整理し、私見をまとめた調査ノートを筆者個人の次に掲げるホームページにまとめてアップしてある。

http://www 1.ocn.ne.jp/~houmu-tt/02-0502040l.htm

もう一つ、北村喜宣『自治力の発想』を掲げる（具体的には二六頁から二八頁）。この本は、従前のＰＣ手続以外の仕組みについて言及しており、制度設計の重要なヒントを提供している。そのほかにも、専門論文があるが、本書では、基本的には引用していない。

以上に要する経費は、雑誌と本で三千円に満たない。中堅職員の時間外勤務手当一時間分程度の金額であり、この程度の経費であれば、公費でも捻出できよう（正直言って、このくらいは自腹を切ってでも入手してほしい）。

ちなみに、先行県市の事例については、インターネットのその自治体のホームページ上、制度の要綱や一般向けの案内、実施の状況等が公表されているので、情報の入手が容易である。現時点では、すべての例を挙げても約二〇件程度と思われるため、ＰＣについては全数比較も不可能ではない。しかし、その二〇か所すべての法運用まで詳細にベンチマーキングすることは難しく、比較箇所を増やすと逆に、検討項目が制度の外面だけの不十分なものにとどまるおそれがある。資料をインターネットから入手しておくことは意義深いが、限られた人的資源や検討時間の中では、モデルの絞り込みが必要と思われる。

(6)　ベンチマーキング先の決定基準

具体的なベンチマーキング先の決定には、先に設定した立法目標の達成に、最少経費で最大効果を有すると認められるところとすべきである。その判断基準には、山口論文や筆者のホームページの内容を参考にする。くわえて、ＰＣ制度導入に当たって各自治体が実施したＰＣの内容と意見に対する自治体側の考え方が適切であるもの（住民に対して十分に説得的・合理的なもの）がモデルにはふさわしいものと推定できる。ＰＣ主管部局が、自ら実施するＰＣにおいて住民等からの意見に対する説得的な応答ができないようでは、その自治体のＰＣの運用は、たかがしれていよう。

さて、制度の詳しい検討は次の3（「制度の設計例と政策法務上の論点」）で行うが、自治体ＰＣの先行例は、国の制度を基に、対象を権利義務規制条例（一部除外あり）や行政運営上の基本的計画に拡大した程度のものが大半であり、とくに道府県の制度は、条例・要綱の規定ぶり（規定の仕方・表現・内容）に違いがあるものの、内容に本質的な違いが少ない。その点で、ベンチマーキングのための最低限の項目に対する内容検討も、県レベルについては、一つ二つの事例で行い、論点を山口論文で補えば、本書の求める水準では、十分となる。

具体的なベンチマーキング先（モデル）選定にあっては、設定した立法目標をできる限り達成するため、

・制度の目的がその自治体の目指すＰＣの目標に近いもの
・ＰＣの対象を広くするもの、意見募集を広く住民等に伝えるもの
・意見募集期間を長くとるもの、意見に対する行政当局側の措置が充実しているもの

を基準にする。

(7)　ＰＣに関する二つの系統

山口論文では横須賀市条例に焦点を当てた解説をするため明確ではないが、日本のＰＣは、二つの系統から成る。第一は、国の制度を基にしたものである。ほとんどすべての県市の制度は、実施機関・対象の広狭や手続における独自の工夫を除くと、制度の基本的な内容は、国の制度とほとんど同じである。これを、国原型系と呼ぶ。これに対し、北海道石狩市は、住民参加条例において住民参加の体系の一施策としてＰＣを位置づける。この結果、国原型系の制度が一律に制度適用除外とする税・使用料・手数料にかんする条例も積極的にＰＣを含む住民参加施策の実施義務を負わせるなど、制度の設計思想が国原型系とは全く異なっている。管見の限りでは唯一の事例だが、これを、石狩系と呼ぶ。

住民参加の充実という点においては、国原型系によるより、石狩系による方が優れている。ただ、石狩市の条例は、住民参加措置の実施義務を負わせる対象事項は広いものの、具体的には審議会等他住民参加措置との選択制とし、かつ、その実施権を（審議会の意見を聞く手続を踏むとはいえ）規則に委ねるなど、条例の考え方・内容の大半を規則で骨抜きにすることができるような、筆者の考えでは不適切な包括的な委任規定が多い。条例であらゆる事態を想定しきれていなかったためと側聞しているが、「条例」のつくりとしては、良くない。

住民参加全体の体系化を図ることができていない自治体においては、まずは、ＰＣだけを個別的に制度化することが先になる。

本書では、住民参加措置全体の体系化を図るスタイルでの制度導入を進めることができる自治体は少ないだろうという考えの下、石狩市の制度対象に対する考え方を都度参照するものの、条例のベースとしては国原型系を採用する。その中でも、条例のベンチマーキングが主として後発の自治体になると思われる市町村に向く手法であることから市町村の制度・先行例をモデルとすることが望まれること、そうした中で山口論文の論点解説を制度設計に有効活用すべきことを踏まえ、本書では横須賀市のＰＣ制度・条例をベンチマーキング・モデルにする。なお、横須賀市は、ＰＣ条例に先立って市民協働推進条例を制定・施行しており、住民参加の体系化が全体として進んでいることを付言しておく（同条例については、『ガバナンス』二〇〇一年一一月号一〇〇頁以下の「分権条例の構造と論理」において解説がある―出石稔執筆）。

なお、横須賀市のＰＣの制度内容・条文については、次のサイトから入手をしていただきたい。

http://www.city.yokosuka.kanagawa.jp/alacalt/cof/index.html

(8)　情報の収集

本来は、ベンチマーキング項目ごとに、具体的な法運用について、横須賀市に訪問して調査をすることが適当だが、多数の自治体が照会すれば横須賀市に迷惑をかける。インターネットの同市のサイトからできる限りの資料を入手しておく。Plan–Do–See（制度設計、制度運用、制度評価）の管理循環の段階ごとに収集項目をみていく。

まず、制度設計の時点にかかわる調査項目としては、行政当局の案に対するＰＣその他の住民参加措置の実施とその影響が挙げられる（北村喜宣「よりみち環境法　率先垂範―横須賀市パブリック・コメント条例」『自治実務セミナー』四〇巻一一号三一頁も参照しよう）。インタビューをするときは、公式的な記録等にはなかなか出てこない制度設計に当たっての失敗談を聞いておくことも重要である。

つぎに、制度運用時点の調査項目には、所管部局がどこか、当該部局が所管する他の業務とＰＣ業務の位置づけはどうなっているか、ＰＣ業務に当てる職員の数・体制はどうなっているか、どの程度の予算をもっているか（経費をかけているか）、事務処理方法はどうなっているか（ＰＣ案件所管部局とＰＣ制度所管部局の事務分担や処理期間など）、実際の案件例と意見・これに対する当局の考え方の発表例（インターネットで入手可）が挙げられる。もし、インタビューをするときは、マニュアルを入手することもポイントである（本書では、横須賀市のマニュアルを参照できていない）。

そして、制度評価時点では、行政手続審議会への報告書の入手がポイントとなる。なお、さらに時間が経過してからベンチマーキング・モデルとして横須賀市条例を参照するときは、横須賀市のＰＣ自体が見直しのサイクルに入る（同条例附則三項参照）。したがって、そうした見直しの動きもフォローすることが必要となる。

(9)　横須賀市への調査依頼が激増したら

まさかとは思うが、本書を読んで横須賀市への情報収集が著しく増加するおそれがないわけでない。横須賀市の担当部局にとっては、自分の自治体の制度が手本にされることは光栄なことだろうが、資料のコピーなど余分な仕事でもある。情報提供に対する費用負担があるべきだろう。むろん、どこかの出版社がめざとくこうした資料などをまとめて出版化することもあり得るが、そのときは、やはり失敗談等本音の部分は明らかにされないので、実地調査が必要となる。

(10) 情報の分析・評価

横須賀市の制度設計・運用・評価の全体像を、先に設定したＰＣの目標とベンチマーキング項目に落とし込み、担当人員が少ない時に生じる影響などをシミュレートする。必要に応じ、基本文献から得られるその他の類似自治体等の先行例における情報を、プロットする。制度設計をしていくにつれ、理想的な制度から、現実的な選択肢がレベルダウンをして選ばれるかもしれない。以下、横須賀市条例を踏まえつつ、先の目標（とくに①～③）に照らし、自治体ＰＣ制度の骨格的項目ごとに、政策法務からの検討すべき論点を挙げ、ベンチマーキングを踏まえた制度案（三章、四章を通じ、筆者の案を「試案」という）の骨格を示す。同様の検討枠組みで議論を展開する山口論文も併読していただきたい。

(11) 制定後の継続評価

ＰＣを現時点で条例化した場合、国や他自治体の法制化・条例化がその後に行われる可能性がある。後発者が先行事例に学ぶ（ベンチマーキングする）ことは、世の常であり、制度は絶えず改良・改善されるから、ＰＣ条例制定・運用の後においても、①当初の条例の目標・目的の当否、②当該目標・目的達成にかんして自分のところの制度より優れた後発制度がないか、といったことに意を用いた条例制定後の継続評価が必要となる。後述のとおり、制度見直し条項を条例に設けることが、この点で検討されることになる。

3　制度の設計例と政策法務上の論点

(1)　PC単独条例制定の要否

群馬県（山口論文一〇三ページ脚注1参照）や埼玉県では、要綱のPC制度を設ける根拠が情報公開条例に一条文として置かれている。北海道の行政基本条例（行政当局原案）でも、要綱上のPCを位置づける一箇条が設けられるようである。PCの具体的内容をすべて要綱にして制度を設けるべきことのみを他の条例に置くという手法は、安易だが、試案の目標（意見提出の権利保障）を達成できないので試案では採り得ない。

第二に、PCが行政手続の一環を構成するならば、行政手続条例に一章を設け、そこで、横須賀市条例並の条文を定めていくという方式が考えられる。自治体における行政手続の整備状況やPCの業務と行政手続の整備が同一の組織でなされているようなときには、PCの規定を行政手続条例に組み入れることが検討されて良いと思われる。横須賀市においても、PCの運用が行政手続条例とあわせ、行政手続審議会によって評価されているので（山口論文一〇三頁参照）、同市でも検討されてよいものである。試案においては、PCの所管が公聴事務担当部門（行政手続は所管しない）が多くなるであろうこと、PCが住民参加手続の一施策であり将来的には住民参加の条例による体系化が行政手続とは別に図られることがあると考えられること、行政処分等の行政手続条例で規定するものの中では予定してないPCに係る救済措置を設けることを予定していることから、横須賀市と同様に、単独でのPC条例制定を検討する。

なお、先にみたように、石狩系のように住民参加条例における参加の一類型として規定する方法も考えられるが、住民参加の体系の条例化を図り得る実例が少ないと思われることから、試案では採用しなかった。

(2) 題　名

「パブリック・コメント」という言葉が日常語ではないことから、この語に代えて「市民（県民）意見提出手続」などの用語によって制度をあらわす自治体が多い。先行例は、「パブリック・コメント」「県民コメント」と言葉を用いるところと、「県民意見提出手続」「県民政策提案」と日本語であらわすところに分かれる。

カタカナ語はなるべく用いない方が良いが、一方で、「意見提出」では制度を公聴制度の一形態に矮小化するように感じられる。「権利」と「救済」を念頭に置く本書においては、はっきりとした制度であることを明確にするため、試案において「パブリック・コメント」の言葉を用いても良かろう。

(3) 目　的

まず条例の目的は、2の目標の明確化のところで設定した抽象的な立法目標を基礎に考える。そうすると、試案の条例目的は、「PCを通じて、①各種政策等の決定への住民意見の反映、②意思決定の適切性確保、③説明責任の向上、そして、その結果としての④住民自治を確立すること」になる。横須賀市条例（市の市民への説明責任を果たすとともに、市民の市政への参画の促進を図り、もって公正で民主的な一層開かれた市政の推進に寄与すること）（一条）の目的をすべて包含していると思われることから、まずはこのままで良かろう。

(4) 定　義

制度内容が、意見提出手続であれ、パブリック・コメント手続であれ、条例の最初の方でPCにかんする定義規定を置くことが必要になる。横須賀市条例は、第二条でPC手続を定義し、第三条でその他の定義規定（実施機関、市民等）を置くが、定義規定を一条にまとめることもできよう。

(5) 実施機関

先行自治体の一部において、要綱上、行政当局の内部部局の長（県レベルの部長クラス）をPCの実施主体とする例がある。内部マニュアル的にはわかりやすいが、PC実施を義務づけられる行政機関は、法的には、PCの対象事項に係る行政上の意思決定権限を有する行政機関と一致することが望ましい。そこで、首長等の執行機関（地方公営企業の管理者を含む）を、PCの実施機関とすることが適当である。ただし、後述のような内部的な実施責任者を置くことがあり得る。

この場合において、先行道府県の中には、執行機関の一部のみを実施機関とする例がある。たしかに、重要な計画や規制条例にPCの実施項目を限定すれば、首長と教育委員会以外の執行機関においてPCの対象案件が想定し難いことから実施機関を限定するという考え方もあり得る。しかし、たとえば、監査委員においても、監査基準（〈コラム5〉参照）は、監査委員の重要な行動規範となるものなので、制度目的から考えて、その制定改廃にはPCを必要とすべきものであるなど、首長・教育委員会以外の執行機関でも、その制度目的からPCを導入すべき案件があると解されるので、PCを条例で規律するときは、すべての執行機関をPCの実施機関とすべきものである（なお、情報公開制度が有る場合、当該情報公開制度の実施機関とPCの実施機関を一致させることが、実務的にはスムースに進むものと思われる）。横須賀市の場合、教育委員会など地方自治法上の執行機関と水道事業管理者を、実施機関としている（三条一項）。

〈コラム5〉　監査基準

監査基準とは、監査業務の中に慣習として発達したもののなかから、一般に公正妥当と認められたところを機能要約した原則であって、職業的監査人は、財務諸表の監査を行うに当たっては、法令によって強制されなくても、常にこれを遵守しなければならないものである。民間企業の監査については、財務省の企業会計審議会がこの監査基準を定めている（設定主体の民間化を準備中）。自治体監査にも当然にこうした監査基準があるべきだが、市町村の監査で具体的な監査基準（全国的自治体連合組織が定めたものを援用することとするものを含む）が定められている例は少ない。監査基準のあり方と設定手続論は、重要な自治体政策法務の個別テーマだが、検討状況は、現時点では忘却の彼方に置かれており、お粗末極まりない。

(6)　PCの対象の考え方

PC制度の設計にあって最も重要な部分である。行政上のあらゆる意思決定にPCを導入することは、住民自治を進めるという観点からは望ましいが、現在の実務においてはほぼ不可能である。そこで、PCの制度目的達成にとってとくに重要な事項から、対象を定めていくことになる。なお、対象を順次拡大していくことを志向したい。PC対象の基準だけが条例にあるのでは、実施が実施機関の裁量に委ねられることになる。このとき、実施機関の恣意を排するためには、条例で規定するか、所定の監視機関（審議会を含む）によってＰＣ要導入を決する仕組みが一般的に求められよう（個別項目で再度検討する）。

(7)　具体的ＰＣの対象①――主要な行政計画等

ほぼすべての先行例において、総合計画や重要な行政計画についてＰＣの対象としている。横須賀市も、市の基本的施策・個別行政分野の基本方針・基本計画、さらには憲章・宣言を対象としている（四条三号・四号）。試案も、横須賀市に準ずべきものだが、問題は、具体的な計画名を条例やその施行規則で規定すべきかどうかである（地方自治法二条四項の基本構想は最低限条例で明記すべきものだろう）。県の要綱では、青森県を初め、個別列挙する例がみられる。具体的計画名称等を挙げることは、実施機関の恣意を排するとともに、住民に予測可能性を高める点で有意義である。ただ、非明示の計画等が一律ＰＣの対象外と扱われるおそれがあること、新規の計画等については事前にＰＣの対象になると条例等において定め難いことなどの問題点もある。また、国の法令や条例に根拠を置く計画については、多くの場合、自治体の行政運営を大きく規定していく計画となるので、ＰＣの対象とすべきものであろう。

そこで、実施機関の恣意を排するため、法令（条例を含む）に根拠のある計画を一律にＰＣの対象と条例において明記したり、ＰＣの要対象を審議会に付議して決定するなどの仕組みの構築が期待される。

(8) 具体的ＰＣの対象②――重要な条例等の制定改廃

先行事例においては、規制緩和型のＰＣでは権利制限・義務賦課条例の、さらに、通常は基本条例等重要な政策内容を定める条例の制定改廃が、ＰＣの対象とされている。横須賀市では、「市の基本的な制度を定める条例」、「市民等に義務を課し、又は権利を制限する条例」、「市民生活又は事業活動に直接かつ重大な影響を与える条例（金銭徴収に関する条項を除く。）」がPCの対象とされている（四条一号アからウ）。また、「市民生活又は事業活動に直接かつ重大な影響を与える」規則や行政指導の指針（要綱）の制定改廃も、その対象とする（同条二号）。適用除外（金銭徴収）についての検討は後に行い、ここでは、そのほかに対象となるものはないか検討する。このときは、石狩市のより具体的・包括的な対象となる条例等の定め（石狩市条例別表一項）の可能性を探ることになる。たとえば、公の施設の利用方法について定める条例（同項四号）や情報公開条例（同項五号）を対象としないか検討する余地がある（これらは、横須賀市条例の規定でも、解釈によってＰＣの対象と読み込むことができるが、これらをＰＣの対象とするならば、条例上明記しはっきりさせる方が望ましいだろう）。

なお、横須賀市条例では、「条例中に当該条例の施行後一定期間を経過した時点で条例の見直しを行う旨を規定している場合において、見直しを行った結果、条例を改正しないこととする決定」をＰＣの対象としている（四条五号）。いわば、不作為についてのＰＣを定めたものとして評価されている。本規定は、条例についてのＰＣで提出された意見を踏まえて創設されたものであることから、住民側の強いニーズに支えられているものと推測される。試案においても殊更にこれを対象から外すべきではない。山口論文は、これを進めて、住民にＰＣに付すべき旨の提案権を設けることを提案している（一〇二頁）。優れた提案であり、試案でも取り入れたい。

(9)　具体的ＰＣの対象③――重要な公共事業等の計画、執行

横須賀市条例にはないが、複数県で、重要な公共事業の計画、執行や、公共施設の設置についてＰＣの対象としている（山口論文［表2］参照）。各自治体の財政における各種公共事業等の影響度によって、意見を聞く意義は異なってくる。これをＰＣの対象とすることは、事業執行反対意見に対する行政側の説明責任を課す点に意義がある。試案においても検討の余地があろう。

(10)　具体的ＰＣの対象④――その他

山口論文から、そのほかに政策評価案などがＰＣの対象になっていることがわかる。この表記を手掛かりに各地のＰＣの要綱を適度に参照しながら、試案におけるＰＣ対象の要否を判断することとなる。なお、石狩市条例が法人への出資をＰＣの対象としている点（別表一項五号）も、参考にすべきであろう。

(11)　適用除外

横須賀市条例は、金銭徴収条例（四条一号ウ）、迅速若しくは緊急を要するもの又は軽微なもの（五条一号）、直接請求により市長が議会に提出する条例案（同条二号）を、ＰＣの適用除外とする（迅速・緊急・軽微を理由にしたものについては、ＰＣ適用除外の理由の事前公表が必要であり、かつ、迅速・緊急のものについては事後的な市民意見聴取の努力義務が課されている）。

第一に、金銭徴収関係条例をＰＣの対象外とする取扱いは、石狩市を除くすべての先行事例において採られて

いる。行政当局にとって都合が良い措置だが、直接請求の対象外だからなどの理由は、住民にとっては説得力がない（山口論文一〇二頁）。石狩市条例では、当然にPC等住民参加措置の対象となっている（別表一項一号）。地方税条例では法律改正の遅れに伴い時間的にPCの導入が難しいこと（〈コラム6〉）、公共料金の値上げ条例案は反対意見ばかりになるおそれがあることなど、懸念材料があるが、運用上の工夫などによって、PCと対象にすることが望まれる（田中孝男「行政評価、パブリック・コメント制度と条例の目的規定」『地方自治職員研修』二〇〇〇年六月号二八頁以下。これを「田中論文」と呼ぶ。また、「新展開・第6回」九七頁も参照）。

第二に、直接請求条例案を対象外とする扱いは、横須賀市においてPCによる意見に基づき導入されたもので、制度的な合理性が推測される。試案においても、導入を検討して良かろう。

〈コラム6〉　税条例へのPC導入の難しさ

地方税法など地方税にかんする法律改正が国会審議などで遅れた場合、税条例の改正のための議会審議の暇さえなく、租税法については遡及禁止の原則があることから、新年度課税内容を確定させるため、首長の専決処分による例が多々ある。そうした状況では、じっさいにPCを行える時間を確保することが難しい。また、その改正も多くは、地方税法に準ずるものであって、意見による修正を容易に行えるものではない。その一方で、税条例には、法定外税の導入や超過課税の実施など、自治体の個別的な意思が重要になるものもある。

税条例についても、法律改正による機械的な改正でなければ、新たな税目の創設や課税標準の変更、税率の変更、減免基準の変更などについて、PCを導入すべきであろう。

(12) 意見提出権者

ＰＣの意見提出権者については、横須賀市（条例三条二項）も含め、ほぼすべての自治体で何人型ではなく住民型（利害関係人を含む）を採用している。国では何人型を採用しているのと対照的である（国のＰＣでは、しばしばアメリカ政府がこの制度にのっとり意見提出をしている）。「行政上の意思決定の適切性の確保」という立法の目的・目標に照らすと、意見提出権者に制限は不要なはずである（山口論文一〇一頁）。実際、インターネットを通じた意見提出は、提出者が住民かどうかを審査するのが現時点では困難であるから、実質的に住民・利害関係者を排することは困難である。ただし、これも、電子認証制度の確立によって状況が変化するため、後発自治体の制度設計にあっては、社会経済情勢・技術の変化・進展にも注意を払う必要がある。

関係者の問合せに応じ、詳細な資料を郵送・宅配によってサービスすることがＰＣの運用として考えられる。その際、住民・利害関係者は無料または低額で、その他の者は有料・実費でという制度設計があり得る。そうした点に配慮し、意見提出権者に住民型を採用することが、検討されても良かろう。

なお、ＰＣとは別の方法で、当該案件について関係行政機関の意見との調整手続が設けられることがある。一部県のように、そのことをＰＣ上で位置づけるかどうかが問題となるが、その他の機関が、ＰＣによって意見を提出することを排する必要もない。

(13) 政策等の案の公表

意見提出の前になされる政策等の案（以下、断りがなければ、資料を含む）の公表について横須賀市の制度（六条）は国や他の先行自治体の制度とほぼ同様とされている。加えて、横須賀市では、案の公表前に、案の名称・意見募集期間・案の入手方法を予告する制度をもっている点（七条）に特色がある。もっとも、この予告制度がある一方で意見募集期間の最短が二〇日（八条）と他の先行例の一月よりも短縮されているため、予告制度が意見募集期間短縮化の代替措置にされていないか注意が必要である（山口論文一〇二頁〜一〇三頁参照）。

先行県の一部では、案は概要だけを公表し、求めがあって初めて案にかんする詳細な資料を送ることができることにするところがある。横須賀市の予告制度をさらに簡略化したものと評価できる。そうしたところでは、所管部局の運用においてできる限り案・資料はすべて事前公表しようとするところと、概要の公表のみが目立つところに分かれる。膨大な資料の全部をコピーして案の公表に備えることは紙資源の節約という点でいかがかと思う一方、公表された概要だけで住民等が的確な意見を提出できるか懸念される。インターネット上には最大限資料を載せ、印刷された資料の場合大量であれば個別依頼により対応するといった実務が必要かもしれない。

さらに、案の公表を各部局が独自に行いＰＣの実施の現状が（とくにホームページ上）一覧できない先行自治体もある。暫定的・試行段階の場合に顕著だが、ＰＣの所管部局が全庁的な実施状況を管理するのは当然の業務であるから、適当ではない。

本書では、各案件当たりの意見提出数や意見内容について「条例の目標」を定めていることを提案している（四〇頁）。よって、案の公表は、表面的な条文の整理だけではなく、どうやれば、たくさんの有益な意見が出されるのかという点から制度設計しなければならない（先行事例では意見を募集したが「なし」という例が相当数みられる）。この点で、横須賀市では、市民からの追加資料要求への応答義務を制度化しており（六条四項）、意見を提出しようとする者への配慮がうかがわれる。参考とすべきである。

また、案の公表方法がインターネットに偏りがちな各地の運用の現状は、必ずしも適当でない。インターネットを利用しない人や、視覚障害者の人々への案へのアクセスの強化と、意見提出の容易化が望まれる。せめて意見募集中の案件と問合せ先について、電話による自動音声案内を実施したり、こうした方々への情報提供にノウハウを有する福祉団体・NPOに関係情報を積極的に提供することが、望まれる。

さらに、案の公表だけではなく、とくに専門家や重大な利害関係者となる人々（の団体）には、「案の提供」が制度化されるべきだろう。

⒁　意見提出期間

意見提出期間は案の公表から約一月間というところが大半である（ただし、横須賀市は二〇日）。例外（期間短縮）を認めるのが一般的だが、先行例においては、意見募集期間が二週間とか一〇日といった、ほとんど形式だけのPCとなっているものが、残念ながら、かなりある（閣議決定の対象外事項における国のPCにおいて顕著）。PCの制度目標から考えると、期間の短期化は望ましくないから、短縮化の要件と手続（たとえば理由の提示）の法定化・厳格化が必要である。

⒂　意見提出の方法

横須賀市では、意見提出をする者（意見提出者）は、住所・氏名・規則で定める事項を明らかにして、指定場所への書面提出、郵便、電子メール、ファクス、その他実施機関が必要と認める方法によって意見提出をすることになっている（八条二項・三項）。さらに、視覚障害者等の意見提出を容易にする方法など、実務的に配慮しなければならないことが条文以外にある。なお、国では、公聴会での意見提出を認めるが、自治体の先行事例では、これを認める例が少ない。これは、公聴会実施の現状がかかわるものと思われる。試案においても、絶対に必要とまではいわないが、公聴会における審議手続を条例化していないのであれば、ＰＣの条例において部分的に公聴会における意見提出手続を規定しても良かろう。

(16)　意見等の処理

実施機関は、ＰＣを行った事案について、提出された意見を考慮して意思決定をする（九条一項）。意思決定を行ったときは、提出された意見等の概要、提出された意見に対する実施機関の考え方、政策等の案を修正したときはその修正内容を公表する（情報公開条例上の非公開事項を除く。同条二項）。公表方法は、案等の事前公表と同様である（同条三項）。ほぼすべての先行例において同じ仕組みがとられている。

意見提出の権利性を説く試案では、意見提出者については特定されているから、公表内容を意見提出者のうちの希望者または全員に通知する制度設計について検討すべきである。意見提出者にとっては自分の意見がどのように扱われるかに関心がある。そして、彼らが毎日のように自治体のサイトにアクセスして、いちいち意見等にかかわる決定内容の公表をチェックしているとは考え難い。意見提出から正式決定まで時間を長期間経ることも考えられるから、意見提出者にきちんと実施機関の対応について答えることが、制度の信頼性を高める上でも必要である。

なお、個別の応答に要する郵送費等の特別の経費については、相手方に一定の負担を求める制度設計が考えられよう。

⒄　多段階のＰＣの実施

横須賀市条例では、「特に重要な政策等の策定に当たって広く市民等の意見等を反映させる必要があると認めるものについては、構想又は検討の段階で、条例に準じた手続を行うよう努めるものとする」として、政策決定における多段階のＰＣ実施を求めている（一一条）。これについては、筆者も従来から主張していた（田中論文二八頁、「新展開・第６回」九七頁）。試案でも導入すべきである。

⒅　附属機関等によるＰＣの扱い

横須賀市では、審議会等が条例によるＰＣに準じた意見提出手続を経て答申・意見を提出し、これに基づいて実施機関が意思決定をしたときは条例上のＰＣを行わないことができるとしている（一〇条一項）。国や他の先行自治体のほぼすべてにおいても同様となっている。事務の効率性や費用対効果性がその理由に掲げられている。

ＰＣを試行中の自治体の中に、これについて先行制度を誤解しているところがある。審議会が条例に準じたＰＣをすれば実施機関はＰＣ不要と解するのである（ただし、ホームページ上の横須賀市条例の当局の考え方は、これに近いようにも読める）。この規定によって、実施機関が本来ＰＣの対象となる案件につきＰＣ実施義務を解除されるのは、当該条例に準じたPCを行って意見を公表した審議会が実施機関に対して示す答申・意見と同じことを実施機関が意思決定するときに限られる（そうでなければ、実施機関は審議会等をPCを経た意思決定の隠れ蓑に使うことになる）。自治体において、当該審議会等の意見どおりに実施機関が意思決定をする事案は、情報公開審査会などごく一部に限られよう。

審議会等には、答申に基づく措置に責任を有するものではなく、あくまでも実施機関がその意思決定に責任を持つ。責任逃れになるようなPCは許されるものではない。なお、運用的には、実施機関自身が必要なPCを行いその内容と実施機関としての意見を当該審議会等に提示して審議を仰ぐことが望まれる。

⒆　他の制度との調整

横須賀市条例は、「縦覧等の手続が義務づけられている政策等の策定にあっては、この条例と同等の効果を有すると認められる範囲内において、この条例の手続を行ったものとみなし、その他必要な手続のみを行うことで足りるものとする」（一〇条二項）と定める。国法上の法定手続との制度的調整を図る規定である。「同等の効果を有すると認められる」の認定者・基準が不明確だが、類似の制度をもつ県も多い。本制度によって立法目標達成が阻害されるものではないと思われることや、効率的な事務という観点から、試案においても制度化してよいと思われる。ただし、この規定がないときに法律上の縦覧等の手続に加えて別の意見提出手続を付加することは、違法にはならないので、この規定を設けなくても問題ないと思われる。

⒇　ＰＣ対象事項外の事項における意見提出手続

条例上ＰＣの対象外事項であっても、できる限り住民等から意見を聞き行政上の意思決定に反映させることが、望ましい。したがって、試案においては、ＰＣ対象外事項でもできる限り条例のＰＣに準じた意見提出手続をとるよう、少なくとも努力義務規定を置くこととしたい。

㉑　責任者の選任

横須賀市条例では、「パブリック・コメント手続実施責任者」を置くこととしている（一二条）。だが、横須賀市条例では、この職につく者が誰か（極端なことをいえば業務を委託し、その委託先にこうした責任者を置くことさえこの条文であれば認め得ることになる）、またその職の具体的な権限・機能が明確でないため不十分である。こうした職を条例上置くならば、これらの不明確事項について、本来は条例で、少なくとも、条例実施のための規則（これに準ずる規程）で、明らかにしなければならない。

㉒　実施状況の公表

これまでの手続の定めにより、個々の案件についての諸事項（予告・周知、意見募集、意見に対する当局の考え方など）の公表はルール化された。くわえて、自治体は、すくなくとも自分の自治体で行っているＰＣの実施状況を、一覧できるようにしておくことが、住民等にとって便宜である。ホームページにおいてもＰＣの実施状況が一つにわかるようにコーナーをまとめておくべきであるし、ＰＣ（条例）の所管部局においてそうしたデータをまとめておくべきである。また、制度の評価・見直しのために、ＰＣの実施状況を毎年、評価書ないし報告書の形式でまとめておくべきである。横須賀市条例では、案件一覧表の作成・公表（一三条）、年間の実施状況の行政手続審議会への報告（一四条）が定められている。

㉓　権利救済制度

ここまでは横須賀市等他の制度をそのまま参考にできた。しかし、これだけでは、試案の立法目標のうち、意見提出の権利としての保障とその救済に欠ける。

そこで、まず、条例上実施義務がある案件についてＰＣを行わなかった場合や、実施したＰＣが条例の規定に違反している場合における、当該ＰＣ実施対象にかかわる行政上の意思決定の効力についてである（この検討は、制度を条例化するときは、必ず検討しなければならない）。ＰＣの対象事項が、計画、条例、その他の行為と多様な行政上の意思決定にかかわることから、一律的な効力の有無について解釈論として導かれるものではない。しかし、聴聞を要する行政処分において聴聞を全く行わないときは、当該行政処分自体が違法になるのと同様に、ＰＣにおいて不適切な行政上の意思決定手続を矯正する仕組みは、設ける方が適当であるし、裁判の結果がでないとわからないというのではなく、できる限り、あらかじめ法条文でそうした瑕疵あるＰＣにかかわる効果を規定しておくことが望ましい。

ただ、試案のＰＣ対象事項の限りでは、個々の住民等に、ＰＣの瑕疵を理由とした行政上の意思決定を矯正する法的請求権を解釈として認めることは、裁判上難しかろう。また、そうした場合の一般的な訴権を制度として認めるとしても、原案に対する反対意見をもつ者が、原案執行を阻止する戦術としてこうした訴権を活用し、行政活動が停滞するおそれがないわけでもない。

第二に、個別の意見を提出した者にとって、意見した事項に対する行政当局の考え方の説明がなかったり、不十分であったりする場合は、その意見提出者の権利が実質的にないがしろにされていることになる可能性がある。こうした場合に意見提出者の不満を救済する制度が、試案の立法目標からは求められなければならない。もっとも、匿名での意見提出を認めその者の意見についてまで、こうした救済が必要かどうかについては、異論があろう。

一方で、先行例もないのに、制度創設当初から具体的な請求権と訴訟制度を設けることには、後発自治体にとっては、研究も十分でないから、ためらいがあろう。

多少中途半端な制度設計の面があるが、（現行）行政機関個人情報保護法の処理情報訂正申出制度（一七条）を参考にして、実施機関に対し、不適切な取扱いの是正（ＰＣのやり直しや、対象案件にかんするその後の事務手続の中断など）の意見申出制度を置き、これを審議会によって審査させる仕組みが、現実的と思われる。なお、オンブズマン制度のある自治体では、それによるという制度設計があってよい。このときは、ＰＣ条例で、案件の取扱い等についてオンブズマンに意見申出できることを別に規定し、同時に、ＰＣの結果の公表において、同時に不服のある人のオンブズマンへの意見申出について教示すること義務づけるといった制度設計が必要であろう。

(24)　制度の見直し

完全な制度というものは存在しないし、ＰＣ実施対象事項の拡大など、ＰＣについては、全国的な運用をまって、

図3　パブリック・コメント条例にかんする試案のポイント

項　目	横須賀市条例	試　案
目　的	説明責任、市民の市政参画　→　公正で民主的な一層開かれた市政の推進	政策等決定への住民意見の反映、意思決定の適切性確保、説明責任向上　→　住民自治の確立
実施機関	全執行機関＋水道事業管理者	考え方は左と同じ
ＰＣの対象	・主要な行政計画・憲章の制定改廃 ・重要条例、権利義務規制条例・規則等の制定改廃 ・条例上の見直しをした結果改正しないこととすること	左に加え ・重要な公共事業等の計画、執行 ・法人への出資 ・ＰＣ対象への住民提案権
適用除外	・金銭徴収条例 ・直接請求対象条例 ・軽微又は迅速緊急なもの	・直接請求対象条例 ・軽微又は迅速緊急なもの
意見提出者	・住民型	・住民型も可とする
案の公表制度	・予告制度 ・追加資料要求への応答	・追加資料要求への応答 ・キーマンへの案の提供義務
意見提出期間	・20日	・１月、期間短縮化については要件と手続を厳格化
意見提出の方法	・書面提出、電子メール等	左に加え ・公聴会審議手続の一部規定化
意見等の処理	・意見に対する措置・考え方や理由を公表	左に加え ・個別意見提出者への通知
多段階でのＰＣ実施	・努力義務	左と同じ
付属機関のＰＣの扱い	・付属機関がすれば実施機関は不要	本制度は設けない
他制度との調整	・縦覧等の法定手続がＰＣと同等効果を有するときは、その縦覧等で足りる	左と同じ
実施責任者	・設置	この職を置くときは、条例（または委任規則）において権限・機能を明確化
実施状況の公表	・案件一覧の公表 ・実施状況の行政手続審議会への報告	・案件一覧および実施状況の公表
制度の見直し	・あり	左と同じ
権利救済制度	なし	審議会の議を経る不服申出制度の創設またはオンブズマン制度のＰＣ特別活用

＊　試案と横須賀市を比較したときに、とくにポイントとなる事項についてのみ掲げた。

さらなる制度改善が必要になると思われる。その点で、最近流行の、制度実施後一定期間以内・後の制度見直し条項を試案に設けることがあり得る。横須賀市条例では、条例施行後五年以内の見直しを制度化している（附則三項）。

㉕　条例制定過程のベンチマーキング

大半の先行ＰＣ導入自治体では、ＰＣ導入にあたり、「試行→本格導入」という手続をとったり、当該ＰＣ制度の原案についてＰＣを行うことが多い。横須賀市でも、意見に基づき原案が変更されている。ＰＣの制度化に当たって、当局の原案をベースとしたＰＣを行うことは、制度の欠陥を事前に修正するためにも必要である。ただ、そのときから、提出される意見数等に目標を設定して、原案を検証することが必要である。

㉖　条例運用のベンチマーキング

条文に出てこないＰＣの運用の具体的な仕組みについて、横須賀市では、各定例市議会提案の条例案におけるＰＣの手続的な流れなどを、インターネットで公表している。これを参考にして、ＰＣの運用の詳細を設計していこう（本書では省略）。

㉗　試案のポイント

個別の条文表現のあり方については、ベンチマーキングの重要項目ではあるが、ここでは省略する。横須賀市条例と試案との項目を比較し、試案のポイントを再確認しよう（［図3］参照）。

第4章　演習2　公益法人等職員派遣条例

1　公益法人等職員派遣法の制定と自治体の対応

(1)　公益法人等職員派遣法の制定

「公益法人等への一般職の地方公務員の派遣等に関する法律」（以下「派遣法」と省略して表記する）の施行（二〇〇二年四月一日。一部同年三月三一日）に伴い、同法施行後も第三セクターなどへ常勤の職員を派遣するためには、基本的には、最低限、同法で定める条例を制定する必要がある。この派遣法対応のための条例を、この章では、「派遣条例」と略称する。

(2)　派遣条例の政策法務性

自治体における派遣法の所管組織は、ほぼ例外なく、人事・服務担当部門である。それゆえに、派遣条例は単なる人事処遇施策の延長で処理されるのが通例である。しかし、職員の派遣は、派遣先団体（本書では第三セクターと総称する）の運営に対する自治体の関与、指導監督あるいは人的な経営支援の一方策でもある。つまり、職員の派遣を制度化するための派遣条例は、自治体の内部管理事項である人事服務施策としてではなく、第三セクター政策の一分野を構成する政策条例と考えることができる。

(3) 派遣条例を本書で取り上げる意義

先行事例においてこうした観点からの派遣条例の制定は行われていない。大半の自治体が、後述の国・県の示した条例準則を、そのままコピーした条例を制定している。だが、後述のようにこれらの条例準則は、基本的には、派遣職員の人事処遇についてのみ定めるものである。そこで、本書（試案）では、人事処遇だけではなく第三セクター政策の一部である派遣という観点からの派遣条例の可能性を考える。また、派遣条例では、先行条例に優れたものが存在しない。このため、後述するが、いわば消去法の結果として国の条例準則をベンチマーキング・モデルとする。パブリック・コメントのときとは異なるタイプの条例のベンチマーキングを行う点で、第３章と異なるベンチマーキングを行うことになる。

2　派遣法の概略と法的論点・課題

(1)　派遣法上の派遣

派遣条例を考えるために必要な、派遣法にかんする基本的な事項を説明する。

派遣法は、一般職の自治体職員を、派遣先団体（公益法人等・特定法人）に常勤的に勤務させるときに必要な人事管理・服務上の措置について定めている。具体的には、公務員の身分を残したまま公益法人等へ派遣する職員派遣と、職員が退職して特定法人に派遣される退職派遣の二種類から成る。

なお、派遣法以外の、職員が退職して国の特殊法人や特別な公益法人に派遣された場合の共済制度については特別な法律の規定がある（地方公務員等共済組合法一四〇条）。他の自治体に対する派遣（地方自治法二五二条の一七）などの派遣制度と相まって、派遣法が、すべての自治体職員の「派遣」をカバーするものでない。

(2)　派遣法の制定の背景と目的

派遣法施行前における自治体職員の他の組織（とくに国・自治体以外の外郭団体等の組織）への職員の派遣については、その取扱いが各自治体で一様ではなく、派遣される職員にとっても不安があった。また、旧自治省内での法案の検討や、茅ヶ崎市商工会議所事件における最高裁判決（一九九八年四月二四日判例時報一六四〇号一一五頁）による判例の確立などを経て、派遣法は制定された。

その目的は、こうした派遣制度の整備によって「公益法人等の業務の円滑な実施の確保等を通じて、地域の振興、住民の生活の向上等に関する地方公共団体の諸施策の増進を図り、もって公共の福祉に資すること」である（派遣法一条）。もっとも、旧自治省の通知は、職員の派遣の適正化、手続の透明化等を図ることを目的としているという（二〇〇〇年七月一二日付け公務員部長通知。以下「部長通知」という）。

(3)　住民からみた派遣の問題

住民の第三セクターに対する視線は、いよいよ厳しくなっているが、職員の派遣については、とくに次の二点を強調する必要がある。

第一は、派遣の職員は定数条例の外数とされることがあるため、定数条例による定員管理ができないことである。これは、給与・人件費を自治体負担で職員を派遣している場合、とくに問題となることであるため、一九七〇年代の早い段階から、派遣によって自治体が管理している実質的な職員数が条例定数を大幅に超過しているのではないかということが、各地の議会等において問題視されていた。

第二は、株式会社等営利企業に職員を派遣し、その職員給与を派遣元自治体が負担している場合、税金で私企業経営を助けることとなり、素朴な住民感情からでさえ到底納得し難いものとなっていることである（ただし、自治体が一〇〇％出資する営利企業の場合、当該企業の利益は、株主である自治体と国家――税収――に還元される建前から、多少は納得が得られるかもしれない）。これに、天下りＯＢの当該企業での役員としての高給が加われば、自治体が主張する派遣の理由は、当該企業の経営の善し悪しにかかわらず、誰も信じなくなる。

派遣条例は、単に自治体当局の人事・服務管理の面からだけでなく、こうした、住民からみた問題の是正にも資するものとなっていなければならない。

(4)　職員派遣・退職派遣の概要と自治体の対応

派遣法による職員派遣・退職派遣の制度概要は、〈コラム7〉のとおりである。既に職員を第三セクター等に常勤的に派遣している自治体は、引き続き派遣をするためには、派遣法適用の派遣とするか、形態を変更し派遣法の適用にならない形態での派遣に改めるかの措置を講じなければならない。さらに、派遣法による派遣においては、派遣職員・退職派遣者は、派遣期間中は、総務省解釈の建前では昇給・昇格ができないことなど、事実上の不利益を受ける。それゆえに、派遣法による職員の派遣には、対象職員の同意が必要なのであろう（派遣法二条二項。一〇条一項も参照）。職員団体・労働組合との交渉、該当職員からの同意の調達、派遣職員・退職派遣者の格差是正措置の講じ方など、人事服務担当部局は、派遣法対応だけでも、かなりの細かい準備が必要になる。

〈コラム7〉　職員派遣・退職派遣の制度概要

〔職員派遣〕

① 任命権者は、派遣法で定める公益法人等のうち一定の要件を備えた条例で定めるものとの間の取決めに基づき、その団体（以下「派遣先団体」という）に対して職員を派遣できる（二条一項）。

② 職員派遣の実施に当たっては、事前にその職員に、取決めの内容を明示し、その同意を得なければな

らない（二条二項）。取決めの事項は、派遣職員の報酬その他の勤務条件等のほか条例で定める（同条三項）。

③　派遣期間は三年以内（最大五年以内に延長可）である（三条）。

④　派遣職員は、派遣されている期間中、派遣先団体の業務に従事し、その間、派遣元自治体の職を保有するが職務には従事しない（四条）。

⑤　派遣職員が派遣先団体の役職員の地位を失うなどの条例で定める場合、任命権者は派遣職員を職務に復帰させる。そうでなければ、派遣期間満了で職務に復帰する（五条）。

⑥　派遣職員に対して派遣元自治体からの給与は原則として支給されないが、一定の要件を満たした例外的団体の派遣職員に対しては、条例で定めるところにより、給与を支給できる（六条）。

⑦　派遣職員の健康保険・年金、災害補償等について、まず、自治体職員の短期給付は派遣職員には適用されない（七条一項）。年金については、派遣先団体の業務を公務とみなし、共済組合の制度を適用する（同条二項）。派遣先団体でのいわゆる労災については、労働者災害補償保険制度の下で措置される。

⑧　派遣職員が、派遣から復帰する場合の、任用、給与等にかんする処遇や退職手当の取扱いについては、自治体は、「部内の職員との均衡を失することのないよう、条例で定めるところにより必要な措置を講じ、又は適切な配慮をしなければならない」（九条）。

〔退職派遣〕

①　任命権者と特定法人（要件が特定された条例で定める自治体出資の株式会社・有限会社）との間で締結された取決めに定められた内容に従ってその特定法人の業務に従事するよう求める任命権者の要請に応じて職員が退職し、引き続きその特定法人の役職員として在職した後、業務従事期間が満了した場合、またはその者が当該特定法人の役職員の地位を失った場合などの条例で定める場合に、その者が退職した時就いていた職・これに相当する職に係る任命権者は、法定の場合のほか条例で定める場合を除き、その特定

法人の役職員としての在職に引き続き、その者を職員として採用する（一〇条一項）。
② 退職派遣にかんする自治体と特定法人との取決め内容は、その退職派遣者の報酬その他の勤務条件などのほか条例で定める（一〇条二項）。
③ 退職派遣者の就く特定法人の業務については、公益寄与を主目的とする（一〇条三項）。
④ 退職派遣者の特定企業業務従事期間は、最長三年である（一〇条四項）。
⑤ 退職派遣者の健康保険・年金、災害補償等については、派遣職員と同様の措置が講じられている（一一条）。また、退職手当についても、派遣職員と同じような条例による配慮がなされる（一二条一項）。

(5) 派遣法の課題

しかしながら、派遣法は、こうした細部（実務的に重要な項目）にとどまらない、重要な法的論点・課題を有する。そのなかで重要なものを簡単に列挙すると、次のとおりである。

第一に、経営破綻問題や情報公開をどうするかなど、自治体の第三セクターにかんする諸問題・論点にかんする総合的な改善方策については、一切法的な措置がなされることなく、職員の派遣にかんする法制度だけが整備されたという問題である。第三セクター問題は、地方分権推進委員会勧告・地方分権推進計画でも及び腰で、中途半端かつ実務への貢献度が疑問の旧自治省「第三セクターに関する指針」（一九九九年五月）しかない（以下では、旧自治省についても総務省と表記する）。自治体では総合的対応が求められるのに、派遣法はその一部を、きわめて技術的な部分で措置するにすぎない。とりわけ、派遣条例で規定する事項や運用によっては、総務省がいう同法の目的である「手続の透明化」さえも、達成しない。むろん、さきにみた住民からの問題（派遣実態――数的――の不明確さ、営利企業への派遣職員の公金負担の問題）の改善につながらない。

第二に、派遣法が主たる関心とする自治体職員の人事管理・服務制度上においても、

① 職員派遣の派遣法上の要件が必ずしも適当でないこと（〈コラム8〉参照）
② 特別職の職員の派遣は、派遣法対象外であること
③ フルタイム的派遣ではなく兼職的な派遣は、派遣法対象外であること
④ 企業への研修派遣は派遣法対象外であること（取扱いが不平等）
⑤ 派遣職員が定数外とされているため、住民から分かりにくいこと（情報の非公開性）
⑥ 派遣職員の給与等の人件費について、委託料や補助金で措置することについては派遣法の対象外であること
⑦ 派遣法の派遣形態と、労働法における「出向」「転籍」「労働者派遣」との関係が十分に整理されていないと思われること

などの課題を有している。

こうした派遣法の課題と各自治体における職員の派遣についての立法事実とがあいまって派遣条例が立案・制定されなければならない。

〈コラム8〉　**職員派遣の法律上の要件の問題**

一～二年のスポーツ大会や国際的イベントの招致にあって、自治体単独で、あるいは県内自治体が寄り合

って、事務局組織を設けることがある（〇〇実行委員会など）。これらの団体が法人格を取得できないときは、その内容がいかに公的であっても職員派遣ができない。また、いわゆる特殊法人が職員派遣可能法人として政令指定されているのに、独立行政法人は、職員派遣が可能な法人として政令指定されていないため、退職派遣的な派遣における共済の特例さえ受けられない（地方独立行政法人もそうなるのだろうか）。なお、公益法人で職員派遣をせずに、退職派遣をするときは、株式会社である特定法人において救済措置が講じられている共済等における特例も受けられない。

(6)　自治組織権と派遣法

自治体の人事・組織の自主設計の権限は、地方自治の本旨として保障される基本的な地方自治権であるから、法律による拘束の憲法適合性や、当該法律に対する反対・上乗せ等の条例制定権の可否が問題となる。派遣法で職員派遣できる法人以外への団体へ、派遣法とは内容の異なる派遣制度を条例で設けることは、右のような派遣法固有の問題があっても、一般的には難しいだろう。その一方、派遣法が職員の派遣について条例で定めることを義務づけていない事柄で、自治体の第三セクター政策全体にかかわって必要となる事項については、派遣法が、条例でその他の定めをすることを排する趣旨のものとは解されず、いわゆる上乗せ等が可能であると思われる。

(7)　条例準則

派遣法対応にかんし、総務省では、先に示した部長通知のほか、公益法人等への職員の派遣等に関する条例（例）を示している。また、都道府県の中には管下市町村に対し、独自の市町村向けの条例準則を作成して示している例もあるようである（筆者は未入手であるが幾人かからその旨の指摘を受けた）。以下、とくに断りなく条例準則というときは、国の示した条例準則をいうものとする。

3　公益法人等職員派遣条例制定におけるベンチマーキングの実践

(1)　条例の所管

派遣条例の所管については、第一義的には、人事・服務担当部門であったとしても、それが第三セクターと密接にかかわるものであることから、大規模自治体では第三セクターを総合的に監理・監視する組織が、中小規模自治体においても財政部門・企画部門・情報公開部門がプロジェクト等を編成して、派遣条例とこれに基づく第三セクターの法統制制度を管理していくことが望ましい。

(2)　目標の明確化

まず、派遣条例の目標の明確化についてである。後でみるが、総務省の条例準則も、先行事例も、派遣条例には、趣旨規定（条例で何を規定するかを冒頭に述べる）を第一条に置き、目的が規定されていない。当然、その目標も明確ではない。

そこで、まず、人事・服務関係の事務処理主管者の立場で考えると、派遣法対応ができ、派遣される職員が騒動を起こさないように、スムースな人事管理・処遇制度となれば、それでよい。そこで、条例の目標を「派遣法」に抵触しない範囲で最低限の範囲とし、任命権者の人事権のできる限りの自由裁量化を図るという目標が考えられる。そのときは、法律上最低限のことを派遣条例で規定するという点で、「条例準則どおりの条例」という方向性が出る。

だが、これでは、第三セクターにかんする政策の改善には全くならないし（現状整理だけ）、住民の期待（立法ニーズ）にも沿っていない。そこで、一般の第三セクター政策・住民の立場からは、個々の条例にあらわれた派遣先団体への「職員の派遣」を切り口（テーマ）にして、その派遣先団体の運営のあり方について、派遣の是非が議会で審議されるとともに、それに際して情報が公開されるようにし、これによって広く住民の意見を踏まえた第三セクター政策の立案実施が行われることが求められよう。

そこで、試案においては、立法の目標・目的を、次のように定める。

① 派遣法対応も含み、職員の派遣にかんする基本的なルールを条例上明確にする。その際は、「派遣手続の透明化」だけではなく、「派遣内容とその法的正当性の透明化」を目的とする。

② これによって、住民が、職員の派遣にかんする現状と課題を全体的に概観できるようにする（定数条例で定数外と規定されブラックホール化しがちな派遣にかんする自治体における人事管理の法統制を図る）。

③ 職員の派遣について条例で広く統制することを通じて、第三セクター政策の立案実施を的確化する（第三セクターの「人・金による統制」から「法による統制」へ）。

なお、小規模自治体では現に対象となり得る団体、職員がごくわずかである場合もある。そうした自治体では、派遣条例よりも他の個別政策課題に条例づくりのエネルギーを注ぐ方が適切なこともある。ただし、こうした自治体では少数の職員の中から貴重な数人の派遣をするという点で派遣（退職派遣を含む）をする職員一人のその自治体における人事政策への影響が大規模自治体よりも大きいことがある。それゆえに、より詳細・丁寧に派遣条例を整備すべきであるという考え方もできる。

また、職員派遣は、第三セクター政策（業務支援）だけではなく、広く職員の人材育成や、国等への出向とともにキャリア・パスのために設定されていることもある。それゆえ、派遣条例の目的は、住民からみた第三セクターに対する法統制のみとはいい難いところもある（しかし、派遣法には、人材育成の観点はほとんどみられない。そこで、第三セクターへの「研修としての派遣制度」をどのように設計するかは、本書では、派遣法・派遣条例の範囲外のこととして扱う）。

より具体的な数量的指標（情報公開度、派遣実績の成果向上や派遣規模の縮小など）については、本当は重要なのだが、紙幅の関係上、各自で検討されたい。

以下、試案は、具体的に派遣条例の対象とすべき団体・職員が相当数にのぼると想定して立論する。

(3)　現状分析①——派遣法の内容と課題の把握

部長通知や県等からの通知などから、派遣法制全体を理解する。同時に、派遣法がカバーしていない課題を把握する。本来的には、こうした課題は、派遣条例の論点として、総務省・県が示さないのであれば、市長会・町村会等自治体連合組織が調査して広く中小規模の自治体に情報提供すべきであろう。研究者の論文・研究にも注目したい（久保貴裕「地方公務員の公社・民間法人派遣の法的コントロール」阿部泰隆・根岸哲（監修）『法政策学への試み（第三集）』（信山社、二〇〇〇年）一一九頁以下参照）。さらに、職員の派遣は、自治体職員の職員団体・労働組合（以下単に「組合」という）にとって重大な関心事なので、組合やその上部団体からのビラ等の情報に当たっておくことも重要である。派遣法対応にあたっての条例制定権の範囲にかんする検討項目には、次が挙げられよう。

① 派遣法対象外職員に対する派遣にかんする条例措置の当否
② 研修・兼務型派遣にかんする条例措置の当否
③ 職員派遣可能団体に対する「退職派遣」への何らかの条例による是正措置の当否（特定法人において退職派遣で認められる各種均衡回復措置が、職員派遣可能団体に対する「退職派遣」には派遣法上認められていない）
④ 法人格なき公益活動団体（社団・財団）や独立行政法人への職員派遣的派遣・退職派遣的派遣の制度の可否と自治体で可能な処遇均衡措置の可否
⑤ 派遣法規定事項以上の条例制定（派遣期間の条例による期間短縮等）の可否

(4) 現状分析②——現状調査

その自治体における、他の組織への（常勤・ないし兼務的）派遣職員の現状を調べる。その調査対象については、制度の目的に照らせば、単に「派遣法」が適用されるべき職場に限るべきではない。国・県・他市町村の機関等への派遣も、その法的形態や服務取扱い、住民への情報公開の現状を整理しておいた方が良い。具体的な調査項目としては、まず、派遣法への最低限の対応として、派遣先団体名称、派遣職員の個人データ（氏名、派遣元所属等）、派遣の決定過程の調査（団体間比較等）、派遣先団体との派遣にかんする取決めの有無及び取決めの内容（比較）、派遣職員の派遣先団体での職・従事業務、適用される労働関係法規（役員の場合、労働基準法でなく民法等であることに注意）、派遣職員の派遣先団体での勤務条件（給与支給者、給与内容、勤務時間、服務規律等）、派遣元自治体における派遣職員の派遣後の人事処遇が挙げられる。次に、第三セクターの法統制のためという視点からの調査項目としては、各第三セクターの中長期的な経営計画、財政状況、人事制度（プロパー等を含む）、自治体による公的関与の根拠・正当性、派遣をやめたときの影響、これらに関する継続的検証制度の有無、これらにかんする住民への情報公開の現状等々が挙げられる。

なお、第三セクター政策の一部またはこれと独立して職員の派遣が、事務事業評価の一対象（評価単位）となっているのであれば、当該評価結果を援用することが可能である。ぜひ、職員の派遣そのものを事務事業評価の対象にすることを検討してみたい。

(5)　現状分析③——近隣自治体の事例調査等

ベンチマーキング・モデルを探すためには、近隣自治体の状況も把握する必要がある。また、すでに派遣法の対象となる派遣の形態を採って派遣を行っている団体等があるときは、その団体等が今後の「取決め」の締結相手方となることを考え、派遣の運用にかんする意見聴取も必要となろう。

(6) ベンチマーキング項目の設定

制度内容、制度化手続、運用、条文のベンチマーキング項目検討にあたっての基本的な区分（二一〇頁参照）を念頭に、ベンチマーキング項目をさらに具体化すると、

① 制度の体系性（第三セクター政策の的確な確立とその中での派遣の制度の体系的位置づけ）
② 住民への派遣の実態の公開
③ 派遣の取決めの適切性と住民への公開性
④ 派遣条例・規則等の内容・表現
⑤ 条例制定手続における住民参加手続

が重要である。なお、中小自治体にあっては、実務的には、派遣の細かい手続（職員の同意の徴し方と人事異動の事務手続との整合化、組合との協議のあり方、実質的不利益部分の是正措置の範囲と程度、制度化において必要となる職員派遣における給与自治体負担の具体的な対象と負担の仕方など）において他の先例を知りたいところであろうし、重要であろう。人事・服務担当部門においては、これらの事項もベンチマーキング項目に加えられることとなろう。

(7) ベンチマーキング先の決定①——第三セクター政策の体系化・情報公開

ベンチマーキング先は、ベンチマーキング各項目ごとに、試案において先に設定した立法目標からみてもっとも優れているものを選択する。派遣条例の場合、立法目標を「派遣内容の住民統制」「派遣実態の公開」「派遣の

条例統制を通じた第三セクター政策の的確化」としたことを考えると、派遣法の対応だけではない内容を盛り込む条例が候補となる。

管見の限りでは、派遣条例の制定を機に、第三セクター政策の体系化を図る例はない。もっとも、既にある第三セクター監理制度の中で、各団体の役員構成、経営内容や、自治体の委託・補助の額（ただし、具体的補助対象まで公表する自治体を筆者は見いだしていない）、所属職員の当該団体への派遣状況などをインターネットで一覧できるようにする自治体がある。これらは条例により制度化されているものではないが、派遣制度を含めた体系的な第三セクター制度の展開という観点からは、ベンチマーキング・モデルとし得る。ここでは、北海道の派遣条例を載せている北海道公報のサイトを紹介しておこう。

http://www.pref.hokkaido.jp/soumu/sm-bnsho/koho/pdf/01/10/011019_g050.pdf

(8)　ベンチマーキング先の決定②——派遣実務（運用）

派遣実例が多い自治体（都道府県や大規模市が該当しよう）では、職員の処遇や人事・服務管理の面で事務に漏れがないようにして派遣制度を整備していよう。それゆえに、処遇、人事・服務管理については、自分の自治体の属する県や近隣大規模市をベンチマーキング・モデルとすることができよう。ただし、派遣の取決めには、③のように、注意が必要である。

⑼　ベンチマーキング先の決定③――派遣の取決め

派遣法上、派遣の取決め（二条一項、一〇条一項）が重要である。実際には、現在の派遣における取決め（「協定」との名称が付されている例がある）を前提に進められるものと思われる。だが、筆者は、とくに派遣先団体の役員としての派遣ではない職員派遣については、派遣元自治体と派遣先団体との（一派遣に係る個々の職員を対象にした）出向受入契約と解すべきと考えている。それゆえに、筆者は、派遣の取決めについては、既存のあるいは県・大規模市等の実例ではなく、契約全書等における「出向契約」または「労働者派遣契約」をベンチマーキング・モデルとする方が望ましいと考えている。

⑽　ベンチマーキング先の決定④――条文

派遣条例の条文表現については、本書執筆時点（二〇〇二年三月）では、Ｗｅｂ上は、まだ、それほど多く実例をみることができない。ただ、先行例は、国の条例準則をほぼ丸写ししたようなものが大半である。異なる点（県レベル）は、職員派遣・退職派遣のできる団体等を条例において個別に規定するのではなく、人事委員会規則に委任することである。法律上の要件を絞らず全面的に委任する例と、多少自治体の出資比率等のさらなる制約を設ける若干例がある。ただ、これらの先行例では、いずれも、試案における派遣先団体の条例統制という立法目標に合致しない。それゆえ、派遣先団体名を条例より下位規範に委ねる例は、条文レベルのベンチマーキング・モデルには不適格である。大半が、国の条例にならうこともあり、試案では、国の条例準則をベンチマーキング・モデルにする。

⑾　情報の収集

第一次情報として、総務省からの部長通知が挙げられる。加えて、各県からの通知文や、近隣大規模自治体の取り組み状況を情報収集する。

⑿　情報の分析・評価

得られた情報について分析・評価する。

まず、制度内容・条例内容的に、ベンチマーキング・モデルであっても、先に設定した「立法の目標・目的」達成にとって妥当でない部分は、参考にしない。たとえば、公益法人等に対する職員派遣にあっては、派遣職員の給与をできる限り派遣元自治体が負担し、仮に派遣先団体が負担するとしても、派遣元自治体から相応の委託料や補助金が交付されていることが多い。さらに、情報公開については、できる限りしないでほしいというのが本音と思われる。これは、むろん、立法目的に照らして受け入れられない。

次に、派遣の取決めについても、契約としてふさわしい内容を有しているものとなるよう、必須項目等を整理する。これは、派遣条例において規定すべき事項（派遣法二条三項、一〇条二項）の洗い出しのためにも必要である。

また、条文については、まずは、正確性という点で、条例準則や都道府県条例の検証が必要である。後述のとおり、先行例の規定方法は、派遣法の趣旨に照らし、要条例事項を規則等委任事項とするため適法性に疑問のあるものもある。こうした点での分析・評価もここで行うことになる。

⒀　制定後の継続評価

ＰＣと異なり、派遣条例は、全国的にほぼ同様（条例準則または都道府県先行例並み）のものになり、後発組に学ぶことは少ないだろう。その一方、派遣法自体の対象の狭さ（職員の派遣にかんする一部の形態しかカバーせず第三セクター政策全体との調和が図られていない）など、職員の派遣にかんする政策環境自体が大いに変化することが予想される。

その点で、第三セクター政策の変化に応じた条例の目標・目的の妥当性の検討と制度の見直しが必要となり、これを派遣条例中に制度見直し条項として規定するかどうかが要検討項目となる。

4　制度の設計例と政策法務上の論点

⑴　題　名

ＰＣにおいては必要性が最初の検討事項となるが、派遣法による職員の派遣・退職派遣があり得る自治体は、必ず少なくとも派遣法が要求する事項は条例化しなければならない。

条例の題名については、条例準則は「公益法人等への職員の派遣等に関する条例」とし、他の実例も、これに自治体名を付す以外は、条例準則にならう。しかし、条例の目的とかかわるが、類似条例にいわゆる海外派遣条例（「外国の地方公共団体の機関等に派遣される一般職の地方公務員の処遇等に関する法律」に対応するための条例）があるほか、研修としての派遣や、場合によっては特別職・非常勤の職員の派遣など、派遣法がカバーする派遣以外の形態で職員の派遣を並行して行い続ける例は、十分に想定される。部長通知も、こうした形態を想定しており、「従来どおり、現行制度の適切な運用により対応すべき」としている。その点で、派遣法の職員派遣・退職派遣対応のためだけの条例の場合には、題名の再検討が必要である。

(2) 条例の構成

条例準則は、趣旨規定（一条）、派遣法の職員派遣対応規定（二～八条）、派遣法の退職派遣対応規定（一〇条～一八条）、任命権者の派遣職員・退職派遣者の処遇等の人事委員会への報告（九条、一九条）規定から成る。派遣法対応の最低限の内容だけを規定したものといえる。

試案は、趣旨規定に代わり目的規定を置くとともに、派遣法対応の職員派遣・退職派遣に加え、派遣にかんする基本的な考え方や、職員の派遣政策全体の適正化にかんする規定を置くことにする（章立てを要しよう）。

(3) 目　的

条例準則は趣旨規定だが、単に派遣法対応だけをすることを企図するものではない試案においては、先に設定した立法の目標・目的を基本に、条例としての目的規定を置くことにする。用語的には、さらに、詰める必要があるが、少なくとも、第三セクターへの職員の派遣にかんし、「①その基本的な考え方、派遣の内容と手続を明確化し、②派遣される職員の人事管理の適正化、派遣にかかわる政策の透明化・適正化を図り、③もって、第三

図４　公益法人等職員派遣条例にかんする試案のポイント

項　目	条例準則	試　案
目　的	なし（趣旨規定）	第三セクター政策の適正な推進を通じた地域振興、住民福祉の向上
派遣の基本的な考え方	なし	・第三セクターへの職員の派遣の基本的な考え方 ・派遣元自治体・派遣先団体の責務と情報公開 ・派遣職員等の責務 ・派遣計画の策定と計画・実施状況の公表
職員派遣	・職員派遣先団体（個別列挙） ・対象外職員 ・派遣の取決事項 ・職務復帰しない場合 ・自治体の職員給与負担 ・復帰時の処遇 ・人事委員会への報告	・職員派遣先団体は左に同じ。その他、各規定事項については条例準則より詳細化、加えて、 ・派遣の取決めの公表
退職派遣	・退職派遣先団体（個別列挙） ・対象外職員 ・復帰採用義務のある場合 ・復帰採用しない場合 ・派遣の取決事項 ・復帰採用時の処遇 ・人事委員会への報告	・退職派遣先団体は左に同じ。その他、取決事項など各規定事項については条例準則より詳細化、加えて、 ・派遣の取決めの公表
第三セクターへの職員の派遣の適正化	なし	・派遣職員・退職派遣者の定数・上限数の法定化 ・特別職の派遣、兼職派遣等にかんする内容、手続の法統制 ・派遣職員等の人件費措置の考え方 ・派遣状況の報告（派遣計画を策定しない場合） ・住民による監視制度 ・派遣先団体における業務状況報告と公表
その他	なし	・第三セクターにかかわる基本条例制定の検討

＊　試案と条例準則を比較したときに、とくにポイントとなる事項についてのみ掲げた。

セクター政策の適正な推進を通じた地域振興、住民福祉の増進に資することを目的とする」程度の書き込みが必要である。

(4) 派遣の基本的な考え方等

条例準則にはないが、職員の派遣の内容の適正さを担保するためには、派遣について任命権者の裁量を統制するため、①第三セクターに職員を派遣するに当たっての基本的な考え方、②派遣元自治体・派遣先団体の責務と情報公開、③派遣職員・退職派遣者等の義務・責務（守秘義務、公益目的達成責務）、④派遣計画の策定・公表義務およびその手続、⑤派遣計画の実施状況の評価と公表といった事項を、職員の派遣にかんする基本的な考え方や基本施策として定める必要がある。

派遣計画の内容としては、計画期間、派遣先団体名、当該団体への自治体側における派遣の目的、派遣の形態、派遣する職員の職と人数（計画期間中の引揚げ等の計画を含む）、派遣先団体における派遣職員の従事する具体的な業務、派遣に係る給与・人件費負担（委託料・補助金等によって間接的に措置する場合を含む）の考え方・金額の予定とその理由が規定されるべきであり、計画事項は派遣条例で規定すべきものである。また、派遣計画は、特別職が第三セクター等の役員になる場合や、派遣法によるもの以外の研修派遣や兼務派遣も想定する多少包括的なものとすべきであろう。

なお、第三セクターにかんする一般的な計画策定義務を負わせその中で派遣計画を位置づけることもあり得る。

(5)　職員派遣

職員派遣にかんする事項としては、職員派遣をする団体（派遣法二条一項）、職員派遣対象外職員（同項）、派遣の取決めに規定する事項（同条三項）、派遣職員の職務復帰しない場合（五条一項）、自治体が派遣職員の給与負担をする場合（六条二項）、派遣職員の復帰時等における処遇（九条）の派遣法要対応事項がある。これらに加え、派遣内容の透明化・適正化のため、任命権者の派遣職員にかんする派遣時・復帰後処遇状況報告（準則九条）、さらには派遣の取決めの公表（準則にはなし）を規定化すべきである。また、派遣期間について法定上限より短縮化すること（例、原則二年とする）を条例で定めることも、違法とは解されない。

派遣先団体、派遣の取決め事項、自治体の給与負担の三項目に限り、とくに重要と思われることから、説明を加えたい。

(6)　派遣先団体の明記

職員派遣をする団体について、管見の都道府県レベルの派遣条例はすべて人事委員会規則に固有名詞を委任している。しかし、派遣法二条一項の「条例で定めるところにより」の趣旨は、派遣法の目的に照らし、職員の派遣の根拠だけを条例で置くことではなく、派遣の手続・内容の透明化にあるから、こうした委任は、違法ないし著しく不当である。条例準則も、派遣先団体を固有名詞で定めることを想定する（二条一項各号）。都道府県では、派遣先団体が多数にわたりリストアップが長大となること、機動的な人事配置において条例化は制約が大きいことなどが影響してこのような規定となったものと思われるが、派遣法の趣旨に照らし適法性に疑義があるし、少人数しか派遣しない市町村では都道府県において人事委員会規則に委任する理由となる事項をその自治体の立法事実として援用することもできないだろう。

(7)　派遣の取決め

派遣の取決めで規定する事項には、派遣先団体における派遣職員の勤務条件などの法定要件（派遣法二条三項）のほか、派遣する職員についての派遣先団体における福利厚生にかんする事項と、その職員の派遣先団体における業務従事の状況の連絡にかんする事項が条例準則で定められている（準則二条三項一、二号）。条例準則は、部長通知に定める事項を条文化したものにすぎない。条例でこれらのことを追加するだけで、住民に対し派遣の手続・内容の透明化を図るといえるか難しいだろう。

さて、この派遣の取決めは、派遣について対象職員の同意を得るために明示すべきものである（派遣法二条二項）であるから、当該個々の職員の派遣に係る一件ごとの取決めであるべきものである。

また、準則にはないが、①派遣職員の服務（懲戒権の行使権者その他派遣職員の服務）、②派遣職員の報酬・給与等派遣職員の経費の負担、③職員派遣の延長に係る取決めの改定・再締結の基準と手続、④損害賠償の負担（その派遣にかんし、派遣元自治体が偽って精神疾患があるなどしておよそ派遣先団体において必要とされる能力を有さない職員を派遣先団体に職員派遣をし、その派遣職員が派遣先団体に損害を及ぼした場合の処理枠組みの明確化）、⑤守秘条項、⑥事情変更に伴う取決めの改訂などが、あらゆる取決めについて締結事項となるべきであり、派遣条例で規定すべき事項と解される。

(8)　給与負担

派遣職員の給与についての例外的自治体負担（派遣法六条二項）について、準則は、「派遣法六条二項規定の業務に従事する者」という要件で、「給料、扶養手当、……の百分の百以内」を支給できるという根拠規定を置くのみである（四条）。単純労務職員・企業職員の派遣職員については直営組織でも給与の種類と基準しか条例で定めない（地方公営企業法三八条四項、地方公営企業労働関係法附則五項）ことから、派遣条例においても、当該条例の規定の特則として、要件（派遣法六条二項規定の業務に従事する者）と自治体が支給し得る給与の種類のみを定める（準則八条）。

しかし、派遣の内容と手続を透明化するという立法目標からは、この規定では、重要な派遣職員の人件費負担状況が十分に明らかにならない。準則は、違法でない自治体の人件費負担の最低基準を条例で示したにすぎない。試案は、それゆえに、派遣計画によりこれに係る情報の公開・透明化の担保を図ることとしているが、派遣法六条二項の趣旨からいえば、さらに、各派遣先団体ごとに、自治体による派遣職員給与負担の範囲を条例において明確にすることが必要と思われる（派遣先団体名を条例で明記しないと、この規定も設けられない）。

そのほか、自治体給与負担時における昇給昇格停止原則の考え方（国家公務員の給与制度にならった総務省の見解）など細かい点で、法的に検討すべき項目は多いが、ここでは省略する。

(9)　退職派遣

退職派遣については、退職派遣を行う団体（これを特定法人という。派遣法一〇条一項）、退職派遣対象外職員

（同条一項）、退職派遣者の特定法人在職に引き続いての派遣元自治体職員としての採用義務ある場合（同項の「その他の条例で定める場合」）、退職派遣者の特定法人在職に引き続いての派遣元自治体職員としての採用しない場合（同項の「その他条例で定める場合」）、退職派遣の取決め（同条二項）に、退職派遣者の採用時における処遇（一二条）の派遣法要対応事項がある。職員派遣と同様に、これらに加え、派遣内容の透明化・適正化のため、任命権者の派遣職員にかんする派遣時・復帰後処遇状況報告（準則一九条）、さらには派遣の取決めの公表（準則にはなし）を規定化すべきである。派遣期間の条例明記も、職員派遣と同様可能と解される。

⑽　特定法人の明記と退職派遣の取決め

特定法人の規定化については、職員派遣と同様、条例準則は個別法人名を規定することを予定する（準則一〇条）が県レベルでは人事委員会規則に委任をする。職員派遣と同じ理由により、試案では、退職派遣をする個別特定法人名を条例上明記すべきものと考える。また、退職派遣にかんする取決め事項についても、条例準則および先行例は職員派遣と同じ事項のみを派遣条例で規定するが、職員派遣のところで述べたと同様に、取決めにおいて締結すべき事項はほかにもあるので、試案での追加を図る必要がある（服務、退職派遣者人件費負担に係る定め、守秘事項、取決めの改訂等）。

⑾　第三セクターへの派遣の適正化

これらに加え、派遣法で定められている事項、すなわち条例準則、さらには先行実例で条例化されているものはないが、立法目標である職員の第三セクターへの派遣政策の適正化を図るため、派遣条例等において、試案では、次の規定を置くべきであると考える。なお、これらの規定の配列については、職員派遣・退職派遣の項目に先立って、派遣の基本的な考え方等に続いて規定することも考えられる。

⑿　派遣職員・退職派遣者の定数等

第一は、派遣職員・退職派遣者総数の「定数」や「上限（最大許容数）」を派遣条例に規定すべきことである。派遣職員の数について、定数条例（地方自治法一七二条三項ほかで規定）で、休職者と並び、条例の定数外とする扱いがよくみられる。また、退職派遣者は、定数条例外の扱いしかできない。しかし、派遣職員において給与を自治体が負担する場合があったり、退職派遣者についても長期的には復職し自治体の給与費負担にはね返るなどから、派遣職員・退職派遣者に係る総数規制を条例により講じないのは、住民による法統制という立法目標から考えて適当ではない（派遣の実施状況の公表だけでは、住民による事後統制が行えない）。そこで、派遣条例において、派遣先団体ごとに派遣する職員の数を明記するか、またはその定数・上限数を、条例で規定することが望ましい。なお、職員派遣に係る総数（定数）については、定数条例において定数内とする条例改正を行うことも選択肢としてはあり得る。

⒀　派遣法適用外の第三セクターへの派遣

特別職の職員の派遣（派遣法の職員派遣に準ずるもの）や、自治体本務との兼務的な派遣、研修としての派遣など派遣法の適用外の職員を第三セクターに派遣することがある。こうした派遣法外の第三セクターへの派遣については、むろん条例準則で定められず、先行例にもないが、試案で設定する立法目標からいえば、派遣実態や派遣理由について情報公開義務を自治体に課したり、派遣法に準じた条例上の基準を設けることなど、何らかの法による統制が志向されるべきである。

⒁　**派遣に係る職員の人件費措置**

派遣計画においては具体的に定めることとなるが、派遣職員、退職派遣者、派遣法適用外派遣職員の派遣に伴う当該職員等の人件費にかんする自治体における財政負担の基準については、条例でこれを統制すべきである。派遣職員の給与を派遣先団体が負担することを建前としながら委託料や補助金によって当該人件費が自治体から事実上補てんされる仕組みは、派遣法の趣旨や判例から、（予算が可決されれば）無条件に適法化され得るか問題が残るため、派遣内容の透明化の立法目標も踏まえ、その基準等について明確にするものである。

⒂　**職員派遣・退職派遣の状況（派遣時、派遣後）の報告および公表**

派遣職員数が多くない自治体（市町村）にあっては、派遣計画の策定が必ずしも制度化されない可能性がある。その際は、職員派遣・退職派遣の状況（派遣時、派遣後）の人事委員会・首長への報告（準則の報告制度を包含させる）と、その内容及び派遣職員・退職派遣者の人件費にかんする自治体財政措置の状況についての定例的、年次の公表を条例において義務づけることが必要である。

⒃　住民による監視制度

第三セクターへの職員派遣について任命権者の裁量権を統制するために、当該第三セクター政策全般または当該派遣政策（もしくは自治体の人事政策）を監視する機関を設置することが考えられる。この機関には、住民等に職員個人の派遣の是非について権限をもたせるのではなく、ある団体・会社への派遣実施の妥当性について逐一的に検討し、意見・勧告する機能を付することを想定する。当初の派遣については派遣条例による措置時に議会で妥当性が審査されるが、その後の事情変化に対するフォローが実質的には困難であるからである。たとえば、第三セクターの経営悪化に伴い、人件費を自治体が直接間接に負担する派遣職員数を増やしたりすることなどが考えられることから、派遣制度の運用に対する住民監視制度が必要なのである。機関は、審議会等附属機関（地方自治法一三八条の四、三項）の形態で置かれることが想定される。ただし、人事委員会を置く自治体では、機能分担につきさらに深く検討する必要がある。また、単独設置ではなく、既設の行政改革監視に係る審議会等に、ここで述べる権限・機能を付加することが想定される。いずれの場合にも、機関・機能について、派遣条例で定めることが望まれる。

⒄　派遣先団体の業務報告・公表

派遣先団体で派遣職員の従事する業務は、自治体の事務・事業と密接な関連を有し、自治体から当該団体の業務に関し人的な支援を受けているものである。その点で、派遣職員・退職派遣者のする業務については、自治体の事務事業の一部を構成し（特殊法人情報公開検討委員会「特殊法人等の情報公開制度の整備充実に関する意見」参照）、派遣先団体は、その部分についての住民に対する事務事業の適正妥当性にかかわる説明責任（独立行政法人等情報公開法一条参照）を負うと解すべきである。そこで、職員派遣・退職派遣の派遣先団体に、派遣職員・退職派遣者の執行業務にかかわる報告義務を負わせ、これにより自治体が入手した情報を定期的に公表させる制度を検討すべきである（自治体は、諸般の事情から、国の行政機関が主導的に設立し運営に関与する公益法人等に職員を派遣しており、こうした団体に対する派遣元自治体による条例による関与を、当該公益法人等の主務官庁である国の行政機関は嫌がるだろうから、この情報提供義務対象団体も一定の基準で画する必要が現実問題としては出てこよう）。

⒅　関連条例等の整備課題

派遣職員・退職派遣者と、行政当局の職員との間の処遇の均衡化（派遣法九条、一二条）については、各自治体でもつ給与その他の勤務条件にかかわる諸条例がそれぞれ異なるので、退職手当について定める条例準則の規定（七条、一五条、一七条）のほか、自分の自治体が参考にした県や近隣大都市等の派遣条例における関係条例の整備を参照し、自分のところの関係条例の整備に漏れのないようにする。

⒆　第三セクター政策条例

現在、第三セクターの設立、運営、廃止に係る自治体の監理にかんする一般的な条例を制定する例はみられないが、本来的には、こうした第三セクター政策にかかわる基本条例を受けた形で派遣条例を制定していくことが求められよう。

⒇　試案のポイント

ベンチマーキングの重要な要素である条文の表現、条例制定過程および条例運用のベンチマーキングについては、本章では、省略する。条例準則と試案との項目を比較し、試案のポイントを再確認しよう（［図4］参照）。

＊　校正の段階で、編集顧問の阿部泰隆先生からご助言をいただいた。記してお礼を申し上げる。むろん、本書の内容に関する責任は、著者が負うものである。

政策法学ライブラリイ　刊行にあたって　2001年6月

世の中は構造改革の時代である。われわれは既存の発想を変え、制度を変えて、未知の課題に新しく挑戦しなければ沈没してしまう時代になった。法律の世界では、法制度を塗り替える政策法学の時代が来たのである。

わたくしは、かねて解釈学だけではなく、こうした政策法学を提唱して、種々提言を試みてきた。日本列島「法」改造論のつもりである。往々にして、変人とか言われても、「変革の人」のつもりであったし、「時期尚早」と言われても、死後ではなく、生きているうちに理解して貰えるという信念で頑張ってきたが、ようやく認知される時代がきたと感じているところである。

このたび、信山社では、これをさらに推進すべく、「政策法学ライブラリイ」を発刊することになった。商業出版の世界ではたしてどこまで成功するかという不安はつきないが、時代の先端を行くものとして、是非ともその成功を祈りたい。このライブラリイを舞台に、多くの法律学研究者がその仕事の比重を解釈論から政策論に移行させ、実務家も、同様に立法論的な解決策を理論的な基盤のもとに提唱し、実現することが期待される。

政策法学ライブラリイ編集顧問
神戸大学大学院法学研究科教授　阿部泰隆

「このような世の中になればいい」と、人は、考えることがある。そうした想いが、集まり、議論され、ひとつの政策が形成される。それを実現するための社会の重要な手段が、法律である。

法律は、真空状態のなかで生成するものではない。社会の動きに反応し、既存法を否定・補完・改革し、新たな発想を包み込み、試行錯誤を繰り返しながら、生まれ、そして、育っていくのである。

地方分権や規制改革の流れは、社会の変革を、思いのほか速くに進めることだろう。それを十分に受け止めて対応する法学がなければ、新世紀の法治主義社会の実現はありえない。実定法の後を追うだけの視野の狭い法学では、荷が重い。今こそ、合理的な政策とそれを実現するための制度を正面から研究対象とする法学が、求められている。

「政策法学ライブラリイ」は、新たな志向を持つ研究者・実務家に門戸を開く。確立した学問的成果があるわけではない。方法論も定まっていない。このライブラリイから発信された議論が、学界や実務界での健全な批判のもとに成長をし、微力であるかもしれないが、社会の発展のためのひとつの確実な力となることを期待したい。

政策法学ライブラリイ編集顧問
上智大学法学部教授　北村喜宣

政策法学ライブラリイ　4
条例づくりへの挑戦
初版第1刷発行　2002年6月20日
著　者　田中孝男
発行者　袖山　貴＝村岡侖衛
発行所　信山社出版株式会社
〒113-0033　東京都文京区本郷6-2-9-102
TEL 03-3818-1019　FAX 03-3818-0344
印刷・製本　亜細亜印刷
ISBN 4-7972-5283-9-C3332
装幀　アトリエ風